Wegweiser Formeln für Elektrotech

Inhaltsverzeichnis Kurzform

Nützliches

*siehe vordere bzw. hintere Umschlag-Innenseite

1 Mathematische Grundlagen

1.1 Summieren, Multiplizieren

Kommutativgesetz		Assoziativgesetz		
$a + b + c$	$a \cdot b \cdot c$	$a + b + c + d$	$a - b + c - d$	$a \cdot b \cdot c \cdot d$
$= a + c + b$	$= a \cdot c \cdot b$	$= a + (b + c + d)$	$= a - (b - c + d)$	$= a \cdot (b \cdot c \cdot d)$
$= b + c + a$	$= b \cdot c \cdot a$	$= (a + c) + (b + d)$	$= (a + c) - (b + d)$	$= (a \cdot c) \cdot (b \cdot d)$

Regeln für das Rechnen mit Vorzeichen

$(+a) + (+b) = a + b$	$(+a) - (-b) = a + b$	$(+a) - (+b) = a - b$	$(+a) + (-b) = a - b$

$(+a) \cdot (+b) = +a \cdot b = ab$ $\quad$ $(+a) \cdot (-b) = -a \cdot b = -ab$

$(-a) \cdot (-b) = +a \cdot b = ab$ $\quad$ $(-a) \cdot (+b) = -a \cdot b = -ab$

Distributivgesetz

$\mathbf{a} \cdot (c + d) = \mathbf{a}c + \mathbf{a}d$	$\mathbf{a} \cdot (c - d) = \mathbf{a}c - \mathbf{a}d$	$a - \mathbf{b}c - \mathbf{b}d + \mathbf{b}e = a - \mathbf{b} \cdot (c + d - e)$

$(a + b) \cdot (c + d) = ac + ad + bc + bd$ $\quad$ $(a + b)^2 = a^2 + 2ab + b^2$

$(a - b) \cdot (c - d) = ac - ad - bc + bd$ $\quad$ $(a - b)^2 = a^2 - 2ab + b^2$

$(a + b) \cdot (c - d) = ac - ad + bc - bd$ $\quad$ $(a + b) \cdot (a - b) = a^2 - b^2$

1.2 Rechnen mit Brüchen

Vorzeichenregeln

$\frac{+a}{+b} = +\frac{a}{b} = \frac{a}{b}$ $\quad$ $\frac{-a}{-b} = +\frac{a}{b} = \frac{a}{b}$ $\quad$ $\frac{-a}{+b} = -\frac{a}{b}$ $\quad$ $\frac{+a}{-b} = -\frac{a}{b}$

Rechenregeln

Kürzen mit *k*: $\frac{a\mathbf{k}}{b\mathbf{k}} = \frac{a \cdot \mathbf{k}}{b \cdot \mathbf{k}} = \frac{a}{b}$	Erweitern mit *n*: $\frac{a}{b} = \frac{a \cdot \mathbf{n}}{b \cdot \mathbf{n}} = \frac{an}{bn}$	Summieren: $\frac{a}{\mathbf{d}} + \frac{b}{\mathbf{d}} = \frac{a + b}{\mathbf{d}}$ $\frac{a}{\mathbf{d}} - \frac{b}{\mathbf{d}} = \frac{a - b}{\mathbf{d}}$	Summieren: $\frac{\mathbf{a}}{\mathbf{c}} + \frac{b}{\mathbf{d}} = \frac{\mathbf{ad} + \mathbf{bc}}{\mathbf{cd}}$ $\frac{\mathbf{a}}{\mathbf{c}} - \frac{b}{\mathbf{d}} = \frac{\mathbf{ad} - \mathbf{bc}}{\mathbf{cd}}$
Multiplizieren: $\frac{a}{b} \cdot \mathbf{c} = \frac{a \cdot \mathbf{c}}{b} = \frac{ac}{b}$	Multiplizieren: $\frac{a}{b} \cdot \frac{\mathbf{c}}{\mathbf{d}} = \frac{a \cdot \mathbf{c}}{b \cdot \mathbf{d}} = \frac{ac}{bd}$	Dividieren: $\frac{a}{b} : \mathbf{c} = \frac{a}{b \cdot \mathbf{c}} = \frac{a}{bc}$	Dividieren: $\frac{a}{b} : \frac{\mathbf{c}}{\mathbf{d}} = \frac{a \cdot \mathbf{d}}{b \cdot \mathbf{c}} = \frac{ad}{bc}$

Wichtige Anwendungen:

$\frac{ak + bk}{ck} = \frac{k\,(a + b)}{ck} = \frac{a + b}{c}$; $\quad$ $\frac{a}{b + c} + \frac{d}{e} = \frac{ae + (b + c) \cdot d}{(b + c) \cdot e}$; $\quad$ $\frac{1}{a} = \frac{1}{b} + \frac{1}{c} = \frac{b + c}{b \cdot c} \Rightarrow a = \frac{b \cdot c}{b + c}$

1.3 Potenzen, Wurzeln, Logarithmen

Potenzen mit ganzen Zahlen als Exponenten

a Grundzahl (Basis)
n Hochzahl (Exponent)
c Potenzwert

$$c = \underbrace{a \cdot a \cdot a \cdot \ldots \cdot a}_{n \text{ Faktoren}} \Rightarrow \quad a^n = c$$

$$a^m \cdot a^n = a^{m+n} \qquad \frac{a^m}{a^n} = a^{m-n} \qquad a^0 = 1 \qquad \frac{1}{a^n} = a^{-n}$$

$$a^m \cdot b^m = (a \cdot b)^m \qquad \frac{a^m}{b^m} = \left(\frac{a}{b}\right)^m \qquad \frac{a^m}{b^m} = a^m \cdot b^{-m} \qquad (a^m)^n = a^{m \cdot n}$$

Potenzen mit Brüchen als Exponenten (Wurzeln)

a Wurzel
n Wurzelexponent
c Radikand

$$c = \underbrace{a \cdot a \cdot a \cdot \ldots \cdot a}_{n \text{ Faktoren}} \Rightarrow \sqrt[n]{c} = a \qquad \sqrt[n]{c} = c^{\frac{1}{n}}$$

$$\sqrt[n]{c \cdot d} = \sqrt[n]{c} \cdot \sqrt[n]{d} \qquad \sqrt[n]{\frac{c}{d}} = \frac{\sqrt[n]{c}}{\sqrt[n]{d}} = \left(\frac{c}{d}\right)^{\frac{1}{n}} \qquad \sqrt[n]{c^m} = c^{\frac{m}{n}} \qquad a^2 = c \Rightarrow a = \pm\sqrt{c}$$

Logarithmen

n Logarithmus
a Basis
c Numerus

$$c = a^n \Rightarrow \quad \log_a c = n$$

Zehnerlogarithmus (dekadischer Logarithmus): $\log_{10} c = \lg c$
Natürlicher Logarithmus ($e = 2{,}718\ldots$): $\log_e c = \ln c$
Zweierlogarithmus (binärer Logarithmus): $\log_2 c = \operatorname{lb} c$

$$\log_a c + \log_a d = \log_a (c \cdot d) \qquad \log_a c - \log_a d = \log_a \left(\frac{c}{d}\right) \qquad -\log_a d = \log_a \left(\frac{1}{d}\right)$$

$$k \cdot \log_a c = \log_a (c^k) \qquad \frac{1}{n} \cdot \log_a c = \log_a \left(\sqrt[n]{c}\right) \qquad \log_b c = \frac{\log_a c}{\log_a b} = \log_a c \cdot \log_b a$$

1.4 Winkel, Winkeleinheiten

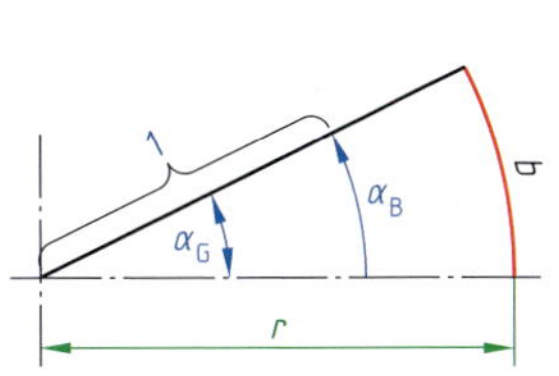

α_B Winkel im Bogenmaß,*
Einheit Radiant (rad)
α_G Winkel im Gradmaß,**
Einheit Grad (°)
b Bogenlänge
r Radius

Eingabemodus:
* RAD
** DEG

$$\alpha_B = \frac{b}{r} \qquad \text{rad} = \frac{\text{m}}{\text{m}} = 1$$

$$\alpha_B = \frac{\alpha_G}{360^\circ} \cdot 2\pi \text{ rad}$$

$$\alpha_G = \frac{\alpha_B}{2\pi \text{rad}} \cdot 360^\circ$$

Winkel α_G im Gradmaß	0°	30°	45°	60°	90°	180°	270°	360°
Winkel α_B im Bogenmaß	0	1/6 · π	1/4 · π	1/3 · π	1/2 · π	π	3/2 · π	2 · π

1.5 Rechnen am Dreieck

Satz des Pythagoras

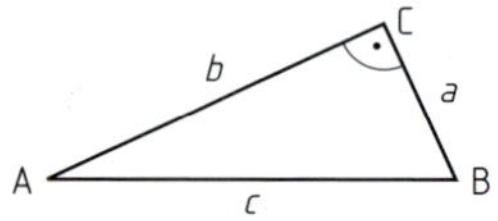

c	Hypotenuse
a	Kathete
b	Kathete

$$c^2 = a^2 + b^2 \qquad c = \sqrt{a^2 + b^2}$$

$$a = \sqrt{c^2 - b^2} \qquad b = \sqrt{c^2 - a^2}$$

Winkelfunktionen (Trigonometrische Funktionen)

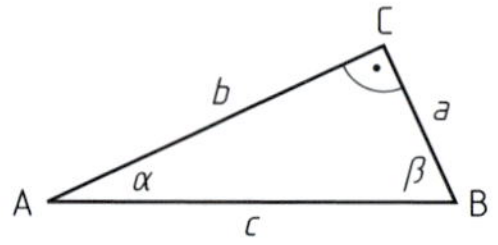

c	Hypotenuse
a	Gegenkathete von α, Ankathete von β
b	Gegenkathete von β, Ankathete von α

$$\sin\alpha = \frac{a}{c} \qquad \cos\beta = \frac{a}{c}$$

$$\cos\alpha = \frac{b}{c} \qquad \sin\beta = \frac{b}{c}$$

$$\tan\alpha = \frac{a}{b} \qquad \cot\beta = \frac{a}{b}$$

$$\cot\alpha = \frac{b}{a} \qquad \tan\beta = \frac{b}{a}$$

Sinussatz, Kosinussatz

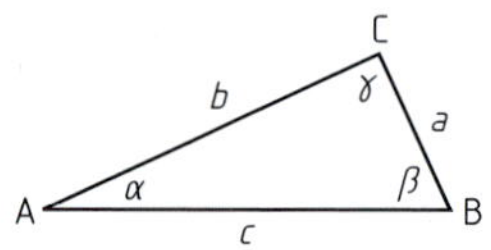

Sinussatz:

$$\frac{a}{b} = \frac{\sin\alpha}{\sin\beta}$$

$$\frac{b}{c} = \frac{\sin\beta}{\sin\gamma}$$

$$\frac{c}{a} = \frac{\sin\gamma}{\sin\alpha}$$

Kosinussatz:

$$a^2 = b^2 + c^2 - 2\,bc \cdot \cos\alpha$$

$$b^2 = a^2 + c^2 - 2\,ac \cdot \cos\beta$$

$$c^2 = a^2 + b^2 - 2\,ab \cdot \cos\gamma$$

1.6 Zahlensysteme, BCD-Code, Rechenregeln

Zahlensysteme:

Dezimalzahl	Dualzahl	Sedezimalzahl***
0	0	0
$1 = 2^0$	1	1
$2 = 2^1$	10	2
3	11	3
$4 = 2^2$	100	4
5	101	5
6	110	6
7	111	7
$8 = 2^3$	1000	8
9	1001	9
10	1010	A
11	1011	B
12	1100	C
13	1101	D
14	1110	E
15	1111	F
$16 = 2^4$	10000	10

* Pseudotetrade, bewirkt Rückstellung und Übertrag auf die nächste Dekade.

** Korrektursummand beim Übertrag.

*** auch Hexadezimalzahl genannt.

BCD-(8-4-2-1-) Code:

Dezimalzahl	Stellenwert	8421
0	0000	0000
1	0000	0001
2	0000	0010
3	0000	0011
4	0000	0100
5	0000	0101
6	0000	0110
7	0000	0111
8	0000	1000
9	0000	1001
*	0000	1010
**		+0110
10	0001	0000
11	0001	0001
12	0001	0010
13	0001	0011
14	0001	0100
15	0001	0101
16	0001	0110
17	0001	0111
18	0001	1000
19	0001	1001
*	0001	1010
**		+0110
20	0010	0000

Rechenregeln:

00 + 0 = 00	00 − 0 = 00
01 + 0 = 01	01 − 0 = 01
00 + 1 = 01	00 − 1 = − 01
01 + 1 = 10	01 − 1 = 00
011 + 10 = 101	011 − 10 = 001
011 + 11 = 110	011 − 100 = − 001

1 · 1 = 1
0 · 0 = 0
1 · 0 = 0
0 · 1 = 0
0 : 1 = 0
1 : 1 = 1

2 Längen- und Flächenberechnungen

2.1 Drahtlängen von Rundspulen und von Rechteckspulen

Rundspulen

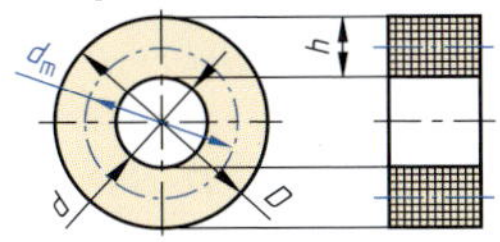

l	Drahtlänge
D, d	Durchmesser
d_m	mittlerer Durchmesser
h	Höhe (Wickelhöhe)
N	Windungszahl

$h = \frac{D - d}{2}$

$d_m = d + h$

$d_m = D - h$

$l = \pi \cdot d_m \cdot N$

$d_m = \frac{D + d}{2}$

Rechteckspulen

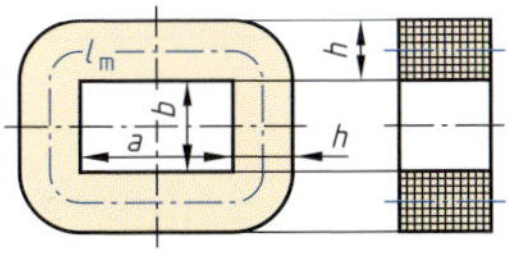

l	Drahtlänge
l_m	mittlere Windungslänge
a	Länge
b	Breite
h	Wickelhöhe
N	Windungszahl

$l = (2a + 2b + \pi \cdot h) \cdot N$

$l = l_m \cdot N$

2.2 Flächen

Quadrat

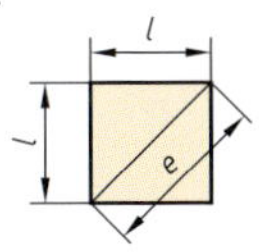

A	Fläche
l	Seitenlänge
U	Umfang
e	Eckenmaß, Diagonale

$l = \sqrt{A}$

$e = \sqrt{2} \cdot l$

$A = l^2$

$u = 4 \cdot l$

Rechteck

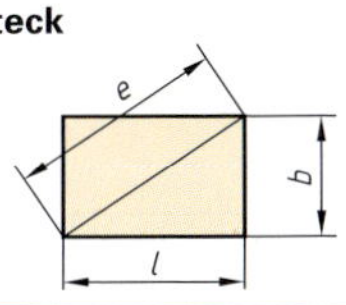

A	Fläche
l	Länge
b	Breite
u	Umfang
e	Eckenmaß, Diagonale

$e = \sqrt{l^2 + b^2}$

$A = l \cdot b$

$u = 2\,(l + b)$

Raute

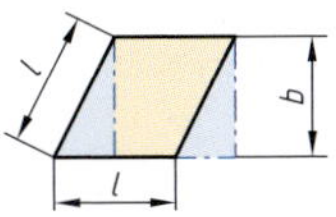

A	Fläche
l	Länge
b	Breite
u	Umfang

50 Starte - 12V
50 Fahrschalter - 12V
30 Starte - 12V
Startergehäuse - Masse 0V
Feldklemme - mind 9V
R zwischen 50 u. 30 - 5 - 7 Ω
R zwischen 50 u. Masse - ∞

$A = l \cdot b$

$u = 4 \cdot l$

Parallelogramm

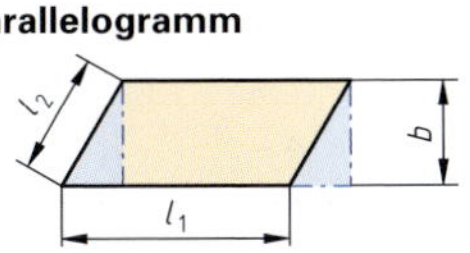

A	Fläche
l_1, l_2	Längen der Seiten
b	Breite
u	Umfang

$A = l_1 \cdot b$

$u = 2\,(l_1 + l_2)$

Dreieck

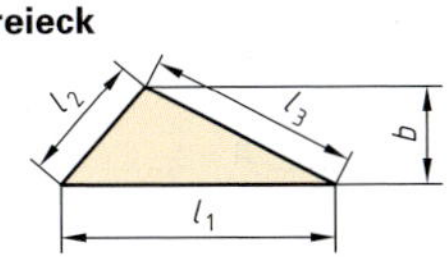

A	Fläche
l_1, l_2, l_3	Längen der Seiten
b	Breite
u	Umfang

$A = \frac{l_1 \cdot b}{2}$

$u = l_1 + l_2 + l_3$

Trapez

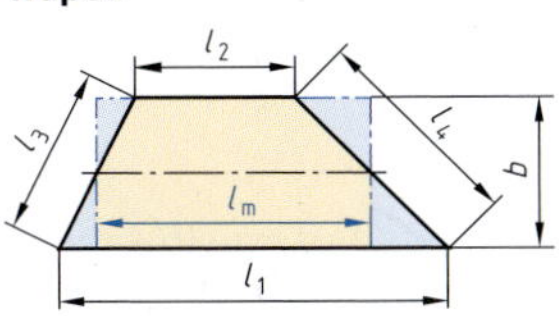

A	Fläche
b	Breite
l_1	große Länge
l_2	kleine Länge
l_m	mittlere Länge
l_3, l_4	Länge der Schrägseiten

$A = l_m \cdot b$

$l_m = \frac{l_1 + l_2}{2}$

$A = \frac{l_1 + l_2}{2} \cdot b$

$u = l_1 + l_2 + l_3 + l_4$

$u = 2 \cdot l_m + l_3 + l_4$

Regelmäßiges Vieleck

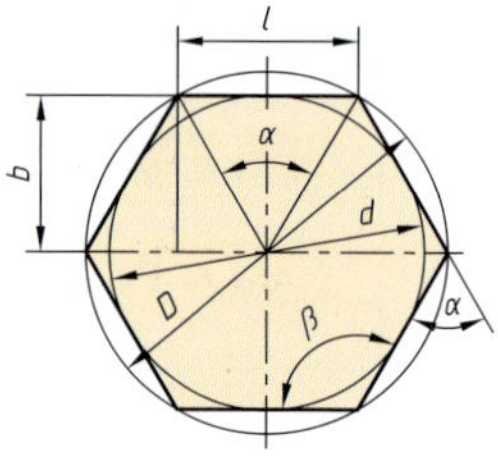

A	Fläche
l	Seitenlänge
b	Breite eines Teildreiecks
n	Eckenzahl
u	Umfang
D	Umkreisdurchmesser
d	Inkreisdurchmesser
α	Mittelpunktswinkel
β	Eckenwinkel

$b = \frac{1}{2} \cdot d$

$\beta = 180° - \alpha$

$A = \frac{l \cdot b}{2} \cdot n$

$u = l \cdot n$

$l = D \cdot \sin \frac{\alpha}{2}$

$\alpha = \frac{360°}{n}$

Kreis

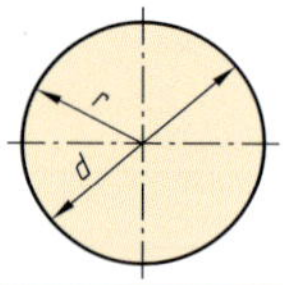

A	Kreisfläche
d	Durchmesser
r	Radius, Halbmesser
u	Umfang
π	Kreiszahl ($\pi = 3{,}1415\ldots$)

$A = \frac{\pi \cdot d^2}{4}$; $A = \pi \cdot r^2$

$u = \pi \cdot d$; $u = 2\pi \cdot r$

Kreisring

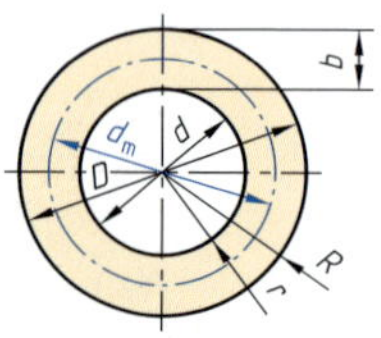

A	Kreisringfläche
D	Außendurchmesser
d	Innendurchmesser
d_m	mittlerer Durchmesser
R, r	Radien
b	Breite (Dicke)
u_m	mittlerer Kreisumfang (gestreckte Länge)

$b = \frac{D - d}{2}$

$d_m = \frac{D + d}{2}$

$A = \frac{\pi}{4} (D^2 - d^2)$

$u_m = \pi \cdot d_m$

Kreisausschnitt

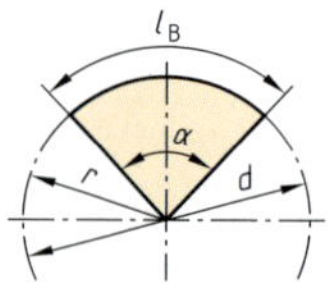

A	Fläche des Kreisausschnitts
d	Durchmesser
r	Radius
l_B	Bogenlänge
α	Innenwinkel

$A = \frac{\pi \cdot d^2 \cdot \alpha}{4 \cdot 360°}$; $A = \frac{r \cdot l_B}{2}$

$l_B = \frac{\pi \cdot d \cdot \alpha}{360°}$

Kreisabschnitt

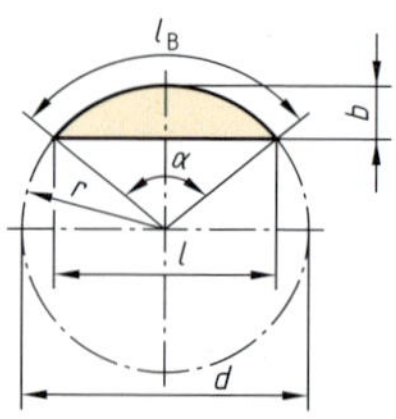

A	Fläche
r	Radius
d	Durchmesser
l_B	Bogenlänge
l	Sehnenlänge
b	Breite
α	Innenwinkel

$l_B = \frac{\pi \cdot r \cdot \alpha}{180°}$

$A = \frac{l_B \cdot r - l\,(r - b)}{2}$

$A = \frac{\pi \cdot d^2}{4} \cdot \frac{\alpha}{360} - \frac{l\,(r - b)}{2}$

Näherungsformel:

$A \approx \frac{2}{3} \cdot l \cdot b$

Ellipse

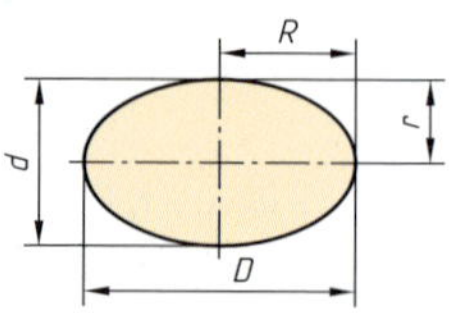

A	Fläche
d	kleine Achse
D	große Achse
r	kleine Halbachse
R	große Halbachse
u	Umfang

$A = \frac{\pi \cdot D \cdot d}{4}$; $A = \pi \cdot R \cdot r$

$u \approx \pi \cdot \frac{D + d}{2}$; $u \approx \pi \cdot (R + r)$

3 Körper-, Volumen- und Masseberechnungen

3.1 Volumen und Oberflächen

Würfel

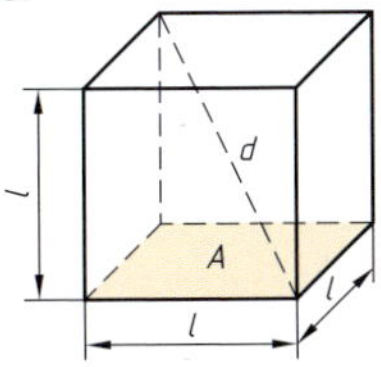

V	Volumen	$A = l^2$	$V = A \cdot l$; $V = l^3$
A	Grundfläche		$A_0 = 6 \cdot l^2$
l	Kantenlänge		$d = l \cdot \sqrt{3}$
A_0	Oberfläche		
d	Raumdiagonale		

Prisma

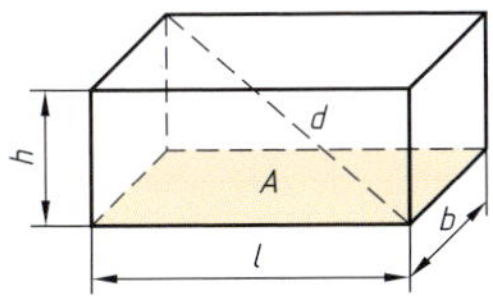

V	Volumen	$A = l \cdot b$	$V = A \cdot h$ $V = l \cdot b \cdot h$
A	Grundfläche		$A_0 = 2 \cdot (l \cdot b + l \cdot h + b \cdot h)$
h	Höhe		$d = \sqrt{l^2 + h^2 + b^2}$
l	Länge		
b	Breite		
A_0	Oberfläche		
d	Raumdiagonale		

Zylinder

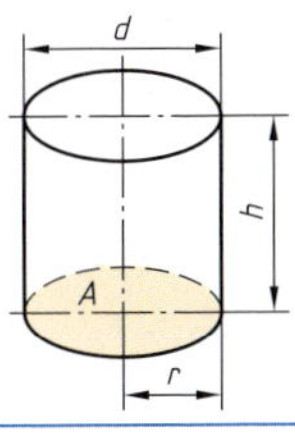

V	Volumen	$A = \pi r^2$	$V = A \cdot h$ $V = \frac{\pi \cdot d^2}{4} \cdot h$
A	Grundfläche	$A = \frac{\pi \cdot d^2}{4}$	$A_0 = \pi \cdot d \cdot h + \frac{\pi \cdot d^2}{2}$
h	Höhe	$\pi = 3{,}1415 \ldots$	
d	Durchmesser	$\frac{\pi}{4} = 0{,}785 \ldots$	
r	Radius		
A_0	Oberfläche		

Kegel

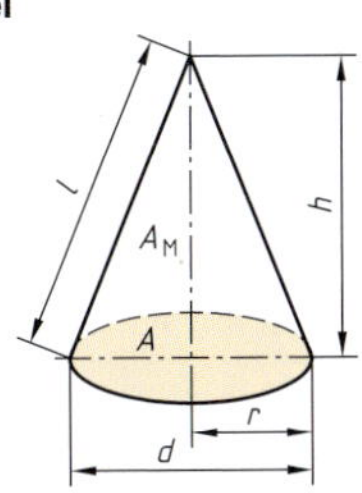

V	Volumen	$A = \frac{\pi \cdot d^2}{4}$	$V = \frac{A \cdot h}{3}$ $V = \frac{\pi}{12} \cdot d^2 \cdot h$
A	Grundfläche	$l = \sqrt{h^2 + r^2}$	$A_M = \pi \cdot r \cdot l$
h	Höhe	$A_0 = A_M + A$	$A_0 = \pi \cdot r\,(l + r)$
d	Durchmesser		
r	Radius		
l	Länge der Mantellinie		
A_M	Mantelfläche		
A_0	Oberfläche		

Kugel

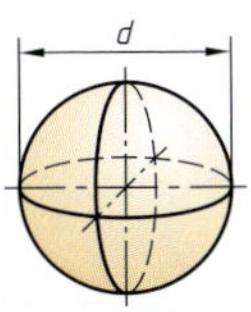

V	Volumen	$V = \frac{\pi \cdot d^3}{6}$ $A_0 = \pi \cdot d^2$
d	Durchmesser	
A_0	Oberfläche	

3.2 Masse und Gewichtskraft

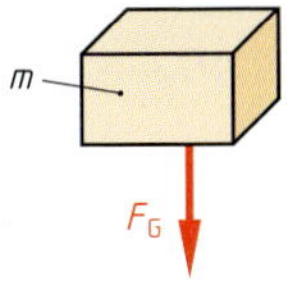

V	Volumen	$[\varrho] = \frac{kg}{dm^3}$; $[m] = kg$	$m = \varrho \cdot V$
m	Masse	$1\,\frac{t}{m^3} = 1\,\frac{kg}{dm^3} = 1\,\frac{g}{cm^3}$	$F_G = m \cdot g$
ϱ	Dichte	$[F_G] = \frac{kg \cdot m}{s^2} = N$	$F_G = \varrho \cdot V \cdot g$
F_G	Gewichtskraft		
g	Fallbeschleunigung (9,81 m/s²)		

4 Mechanik

4.1 Kräfte

Einheit, Darstellung

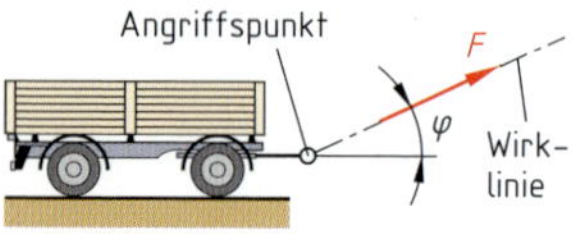

Formelzeichen: F Einheit: $[F] = \text{N}$ Einheitenname: Newton

Kräftemaßstab: z. B. 200 N ≙ 10 mm

Kraftbetrag ≙ Länge des Pfeils

Kraftrichtung = Richtung des Pfeils

Zusammensetzen von zwei Kräften

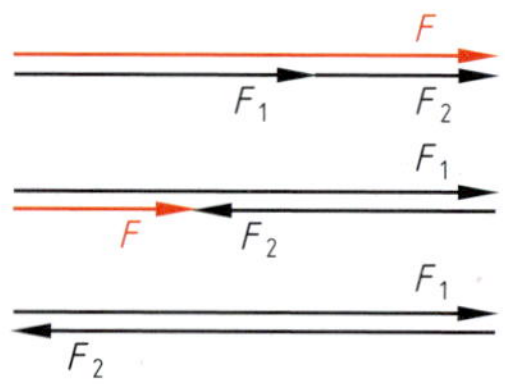

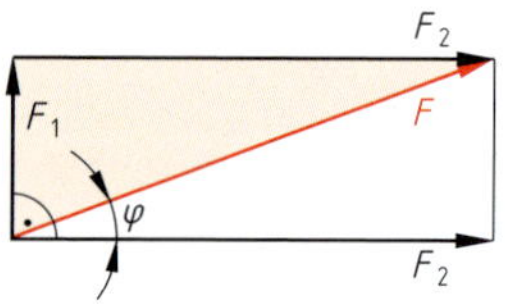

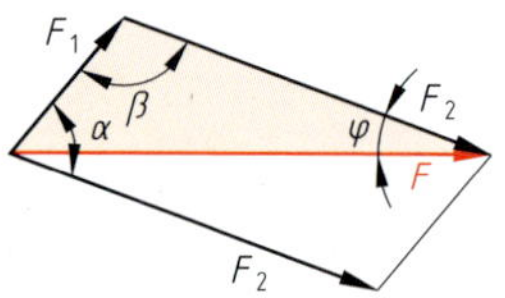

F_1, F_2,…	Teilkräfte, Komponenten
F	Gesamtkraft, Resultierende, Ersatzkraft
φ	Winkel zwischen Teilkraft und Ersatzkraft
α	Winkel zwischen den Teilkräften
β	Winkel im Krafteck $\beta = 180° - \alpha$

Für F_1, F_2 und F sind hier die Beträge einzusetzen.

Teilkräfte gleichgerichtet:

$$F = F_1 + F_2$$

Teilkräfte entgegengerichtet:

$$F = F_1 - F_2$$

Gleichgewichtsbedingung:

$$F_1 - F_2 = 0$$

Teilkräfte senkrecht aufeinander:

$$F = \sqrt{F_1^2 + F_2^2}$$

$$\frac{F_1}{F_2} = \tan\varphi; \quad F = \frac{F_1}{\sin\varphi}; \quad F = \frac{F_2}{\cos\varphi}$$

Teilkräfte nicht senkrecht aufeinander:

$$F = \sqrt{F_1^2 + F_2^2 - 2 \cdot F_1 \cdot F_2 \cdot \cos\beta}$$

$$\frac{\sin\varphi}{\sin\beta} = \frac{F_1}{F}$$

Zerlegen einer Kraft in zwei Teilkräfte (Komponenten)

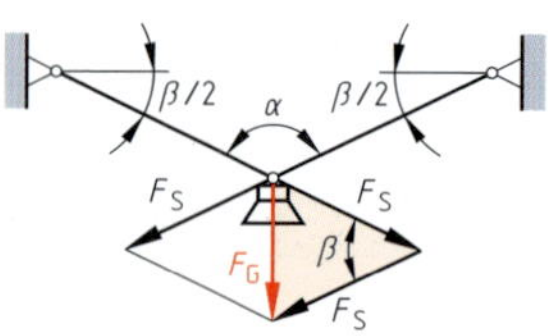

Aufhängung

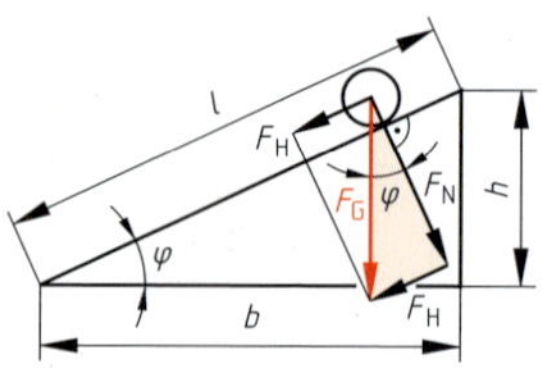

Schiefe Ebene

F_G	Gewichtskraft
F_S	Seilkräfte
α	Winkel zwischen den Seilkräften
β	Winkel im Krafteck

$$\beta = 180° - \alpha \qquad F_S = \frac{F_G}{\sqrt{2\,(1 - \cos\beta)}}$$

F_H	Hangabtriebskraft
F_N	Normalkraft
l	Länge der schiefen Ebene
b	Basislänge der schiefen Ebene
h	Höhenunterschied
φ	Neigungswinkel der schiefen Ebene

$$\sin\varphi = \frac{h}{l} \qquad F_H = F_G \cdot \sin\varphi$$

$$\cos\varphi = \frac{b}{l} \qquad F_N = F_G \cdot \cos\varphi$$

$$\tan\varphi = \frac{h}{b} \qquad F_H = F_N \cdot \tan\varphi$$

4.2 Wirkungsgrad, Arbeitsgrad

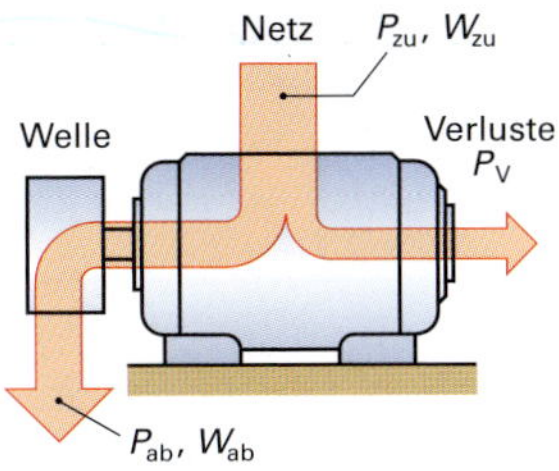

* η griech. Kleinbuchstabe eta;
** ζ griech. Kleinbuchstabe zeta

η*	Wirkungsgrad (Leistungsverhältnis)
P_{ab}	abgegebene, genutzte Leistung
P_{zu}	zugeführte Leistung, aufgewendete Leistung
ζ**	Arbeitsgrad, Nutzungsgrad (Arbeits-, Energieverhältnis)
W_{ab}	abgegebene, genutzte Energie
W_{zu}	zugeführte Energie, aufgewendete Energie
η	Gesamtwirkungsgrad
$\eta_1, \eta_2 \ldots$	Einzelwirkungsgrade

$$\eta = \frac{P_{ab}}{P_{zu}}$$

$$\zeta = \frac{W_{ab}}{W_{zu}}$$

$$\eta = \eta_1 \cdot \eta_2 \cdot \eta_3 \ldots$$

5 Wärmelehre

5.1 Temperatur

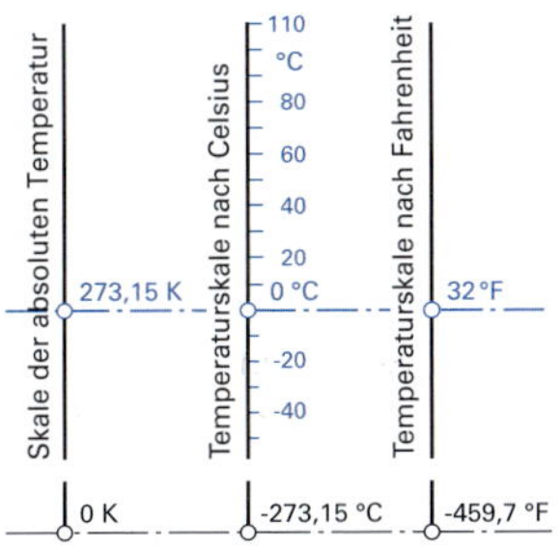

ϑ	Temperatur in Grad Celsius $[\vartheta]$ = °C
T	Temperatur in Kelvin $[T]$ = K
$\Delta\vartheta$, ΔT	Temperaturdifferenz in Kelvin $[\Delta\vartheta] = [\Delta T]$ = °C = K
ϑ_F	Temperatur in Grad Fahrenheit

Absoluter Nullpunkt:
$T_0 = 0\,\text{K} \mathrel{\widehat{=}} \vartheta_0 = -273{,}15\ °\text{C} \approx -273\ °\text{C}$

Eispunkt des Wassers:
$T_1 = 273{,}15\ \text{K} \approx 273\ \text{K} \mathrel{\widehat{=}} \vartheta_1 = 0\ °\text{C}$

$$T = \left(273 + \frac{\vartheta}{°\text{C}}\right) \text{K}$$

$$\Delta\vartheta = \vartheta_2 - \vartheta_1$$
$$\Delta T = T_2 - T_1$$

$$\vartheta_F = \frac{9}{5}\,\vartheta + 32\ °\text{F}$$

5.2 Wärmedehnung

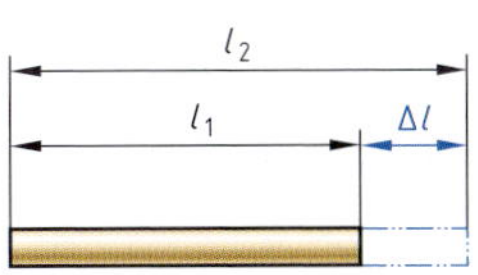

Δl, ΔV	Längen- bzw. Volumenänderung
l_1, V_1	Länge bzw. Volumen in kaltem Zustand
l_2, V_2	Länge bzw. Volumen in erwärmtem Zustand
$\Delta\vartheta$	Temperaturdifferenz
α_l	Längenausdehnungskoeffizient
γ	Volumenausdehnungskoeffizient

$$\Delta l = \alpha_l \cdot l_1 \cdot \Delta\vartheta$$
$$\Delta V = \gamma \cdot V_1 \cdot \Delta\vartheta$$
$$l_2 = l_1\,(1 + \alpha_l \cdot \Delta\vartheta)$$
$$V_2 = V_1\,(1 + \gamma \cdot \Delta\vartheta)$$

$\gamma \approx 3 \cdot \alpha_l$

$[\alpha_l] = [\gamma] = \frac{1}{°\text{C}} = \frac{1}{\text{K}}$

5.3 Wärmemenge

Wärmeaufnahme und Wärmeabgabe bei Temperaturänderung

Spezifische Wärmekapazität *c*	
Wasser	4,187 kJ/(kg · K)
Kupfer	0,39 kJ/(kg · K)
Aluminium	0,92 kJ/(kg · K)
Eisen	0,46 kJ/(kg · K)
Öl	1,67 kJ/(kg · K)

Weitere Werte für *c*: Seite 58

Q	Wärme, Wärmemenge
m	Masse
$\Delta\vartheta$	Temperaturdifferenz
ϑ_1	Anfangstemperatur
ϑ_2	Endtemperatur
c	spezifische Wärmekapazität
C_{th}	Wärmekapazität

$$\Delta\vartheta = \vartheta_2 - \vartheta_1$$

$$Q = c \cdot m \cdot \Delta\vartheta$$
$$C_{th} = c \cdot m$$
$$Q = C_{th} \cdot \Delta\vartheta$$

$[c] = \frac{\text{kJ}}{\text{kg} \cdot \text{K}}$; $[C_{th}] = \frac{\text{kJ}}{\text{K}}$

5 Wärmelehre

6 Elektrotechnische Grundlagen

6.1 Grundgesetze

Ohmsches Gesetz

Cu: $\gamma = 56 \frac{m}{mm^2 \cdot \Omega}$

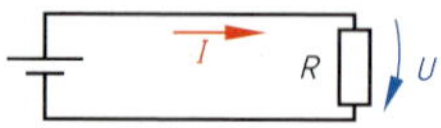

- U Spannung
- I Stromstärke
- R Widerstand

$[U]$ = V; $[I]$ = A; $[R]$ = Ω; $1\ A = 1 \frac{V}{\Omega}$

$$I = \frac{U}{R}$$

Leiterwiderstand

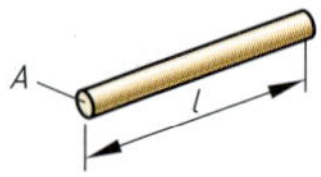

* Nach DIN 1304:
für Querschnitt auch S oder q.

- R Leiterwiderstand
- A* Leiterquerschnitt
- l Leiterlänge
- γ elektr. Leitfähigkeit
- ϱ spezifischer Widerstand

Bei Nichtleitern und Halbleitern: $[\varrho] = \Omega \cdot m$

$[\gamma] = \frac{m}{\Omega \cdot mm^2}$

$[\varrho] = \frac{\Omega \cdot mm^2}{m}$

$1 \frac{\Omega \cdot mm^2}{m} = 10^{-6}\ \Omega m = 10^{-4}\ \Omega cm$

$$R = \frac{l}{\gamma \cdot A}; \quad R = \frac{\varrho \cdot l}{A}$$

$$\gamma = \frac{1}{\varrho}$$

Cu: $\varrho = 0{,}0178 \frac{mm^2 \cdot \Omega}{m}$

Widerstand und Leitwert

- R Widerstand (Widerstandswert)
- G Leitwert

$[G] = \frac{1}{\Omega} = S$

$$G = \frac{1}{R}$$

Widerstand und Temperatur

Metall	α in 1/K
Kupfer	0,0039
Aluminium	0,004
Nickelin	0,00015
Konstantan	0,00004

Weitere Werte für α: Seite 58.

- ΔR Widerstandsänderung
- R_ϑ Widerstand bei der Temperatur ϑ
- R_{20} Widerstand bei der Temperatur 20 °C
- ϑ Temperatur
- ϑ_1 Anfangstemperatur
- ϑ_2 Endtemperatur
- $\Delta\vartheta$ Temperaturdifferenz
- α Temperaturkoeffizient (Temperaturbeiwert)

$[\Delta R] = \Omega$

$[\Delta\vartheta] = K = °C$

$\Delta\vartheta = \vartheta_2 - \vartheta_1$

$\Delta R = R_\vartheta - R_{20}$

$[\alpha] = \frac{1}{K} = \frac{1}{°C}$

$$\Delta R = \alpha \cdot R_{20} \cdot \Delta\vartheta$$

$$R_\vartheta = R_{20} + \Delta R$$

$$R_\vartheta = R_{20}\,(1 + \alpha \cdot \Delta\vartheta)$$

$$\Delta\vartheta = \frac{R_\vartheta - R_{20}}{\alpha \cdot R_{20}}$$

Stromdichte

Strombelastbarkeit von isolierten Leitungen: Seite 59.
*Nach DIN 1304: statt J auch S.

- J* Stromdichte
- I Stromstärke
- A Leiterquerschnitt

$[J] = \frac{A}{mm^2}$

$$J = \frac{I}{A}$$

Knotenregel (1. Kirchhoffsche Regel)

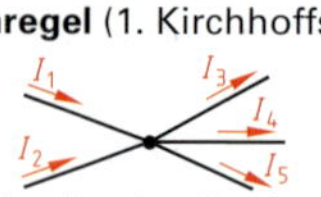

$I_1 + I_2 = I_3 + I_4 + I_5$

- ΣI_{zu} Summe der zufließenden Ströme
- ΣI_{ab} Summe der abfließenden Ströme
- I_1, I_2 zufließende Ströme
- I_3, I_4, I_5 zufließende Ströme (handschriftlich korrigiert: ab)

$$\Sigma I_{zu} = \Sigma I_{ab}$$

Maschenregel (2. Kirchhoffsche Regel)

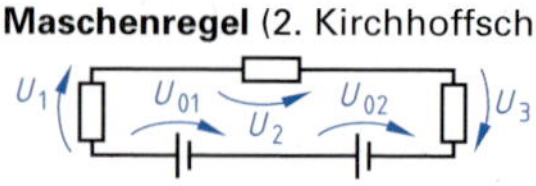

$U_1 + U_2 + U_3 = U_{01} + U_{02}$

- ΣU_{erz} Summe der Erzeugerspannungen
- ΣU_{verbr} Summe der Verbraucherspannungen
- U_{01}, U_{02} Erzeugerspannungen (U_{erz})
- U_1, U_2, U_3 Verbraucherspannungen (U_{verbr})

$$\Sigma U_{erz} = \Sigma U_{verbr}$$

6.2 Anpassung

Leistungsanpassung

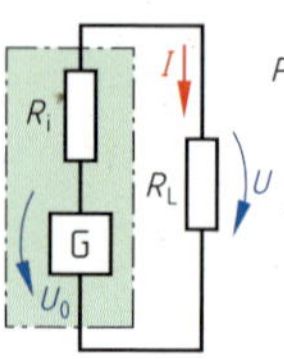

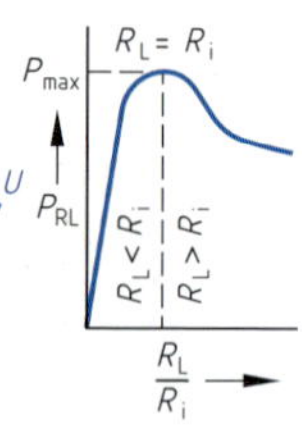

- R_L Lastwiderstand
- R_i Innenwiderstand
- U Lastspannung
- U_0 Leerlaufspannung, Quellenspannung
- I Laststrom
- I_k Kurzschlussstrom
- P_{max} größte Leistung an R_L

Leistungsanpassung:

$$R_L = R_i \qquad U = \frac{U_0}{2} \qquad I = \frac{I_k}{2}$$

$$P_{max} = \frac{U_0}{2} \cdot \frac{I_k}{2} \qquad P_{max} = \frac{U_0^2}{4 \cdot R_i}$$

Stromanpassung: $R_L \ll R_i$

Spannungsanpassung: $R_L \gg R_i$

6.3 Schaltungen von Widerständen

Reihenschaltung von Widerständen

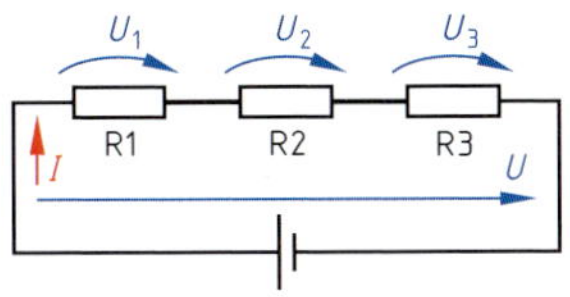

Durch in Reihe geschaltete Verbraucher fließt derselbe Strom.

R	Ersatzwiderstand (Gesamtwiderstand)
R_1, R_2, R_3	Einzelwiderstände
U	Gesamtspannung
U_1, U_2, U_3	Teilspannungen, Verbraucherspannungen
I	Stromstärke
n	Anzahl gleicher Widerstände

$$U = U_1 + U_2 + U_3$$

$$R = R_1 + R_2 + R_3$$

$$\frac{U_1}{U_2} = \frac{R_1}{R_2} \qquad \frac{U_1}{U} = \frac{R_1}{R}$$

Für n-gleiche Widerstände:

$$R = n \cdot R_1$$

Parallelschaltung von Widerständen

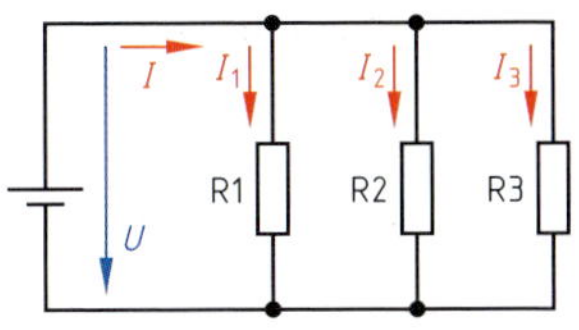

An parallelgeschalteten Verbrauchern liegt dieselbe Spannung.

R	Ersatzwiderstand
R_1, R_2, R_3	Einzelwiderstände
I	Gesamtstrom
I_1, I_2, I_3	Teilströme
G	Ersatzleitwert
G_1, G_2, G_3	Einzelleitwerte
n	Anzahl gleicher Widerstände

$U_G = U_1 = U_2$ ...

$$I = I_1 + I_2 + I_3 + \dots$$

$$G = G_1 + G_2 + G_3 + \dots$$

$$\frac{1}{R} = \frac{1}{R_1} + \frac{1}{R_2} + \frac{1}{R_3} + \dots$$

$$\frac{I_1}{I_2} = \frac{R_2}{R_1} \qquad \frac{I_1}{I_3} = \frac{R_3}{R_1}$$

Für n gleiche Widerstände:

$$R = \frac{R_1}{n}$$

Parallelschaltung von zwei Widerständen

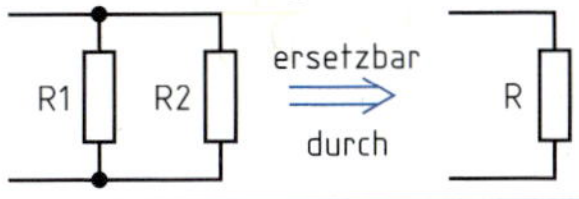

R	Ersatzwiderstand
R_1, R_2	Einzelwiderstände parallel

$$R = \frac{R_1 \cdot R_2}{R_1 + R_2}$$

Gemischte Schaltungen (Gruppenschaltungen)

Beispiel:

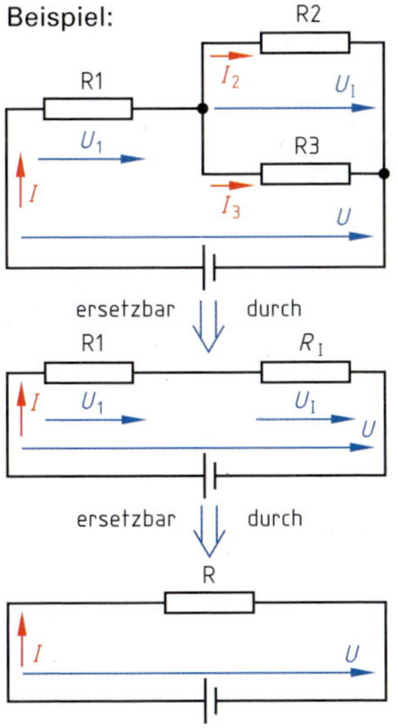

Gemischte Schaltungen sind Kombinationen aus Reihen- und Parallelschaltungen. Ermitteln der Ersatzwiderstände:

- Die Schaltung wird von innen nach außen aufgelöst.
- Reihen- und Parallelschaltungen werden Schritt für Schritt zu Ersatzwiderständen zusammengefasst.
- Die Schritte des Zusammenfassens werden wiederholt, bis nur noch ein Ersatzwiderstand vorliegt.

R_1, R_2, R_3	Einzelwiderstände
R_I, R	Ersatzwiderstände
U	Gesamtspannung
U_1, U_I	Teilspannungen
I	Gesamtstrom
I_2, I_3	Teilströme

Berechnen des Ersatzwiderstandes vom Beispiel:

Schritt 1: Parallelschaltung R_I aus R_2 und R_3:

$$R_I = \frac{R_2 \cdot R_3}{R_2 + R_3}$$

Schritt 2: Reihenschaltung R aus R_1 und R_I:

$$R = R_1 + R_I$$

Berechnen von Spannungen und Strömen:

$$U = R \cdot I$$

$$U_1 = R_1 \cdot I \qquad U_I = R_I \cdot I$$

$$I_2 = \frac{U_I}{R_2} \qquad I_3 = \frac{U_I}{R_3}$$

$$I = I_2 + I_3$$

- Berechnen von Vorwiderständen: Seite 47
- E-Reihen: Seite 61

6 Elektrotechnik

6.4 Spannungsteiler

Unbelasteter Spannungsteiler

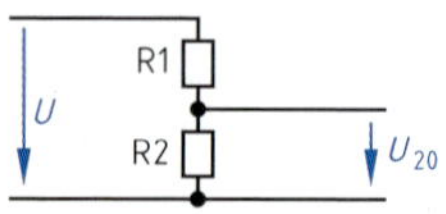

R_1, R_2	Teilwiderstände
U	Gesamtspannung
U_{20}	Teilspannung bei Leerlauf

$$U_{20} = \frac{R_2}{R_1 + R_2} \cdot U$$

$$R_1 = R_2 \left(\frac{U}{U_{20}} - 1 \right)$$

Belasteter Spannungsteiler

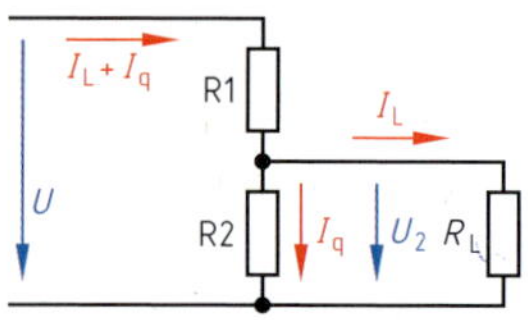

R_L	Lastwiderstand
R_1, R_2	Teilwiderstände
R_{2L}	Ersatzwiderstand aus R_2 u. R_L
U	Gesamtspannung
U_2	Teilspannung bei Belastung
I_L	Laststrom
U_{20}	Teilspannung bei Leerlauf
I_q	Querstrom
q	Querstromverhältnis

$$U_2 = U \cdot \frac{R_{2L}}{R_1 + R_{2L}}$$

$$R_{2L} = \frac{R_2 \cdot R_L}{R_2 + R_L} \qquad q = \frac{I_q}{I_L} = \frac{R_L}{R_2}$$

$$R_2 = R_L \cdot \frac{U}{U_2} \cdot \frac{U_{20} - U_2}{U - U_{20}}$$

6.5 Widerstandsbestimmung

Spannungsfehlerschaltung (für große Widerstände)

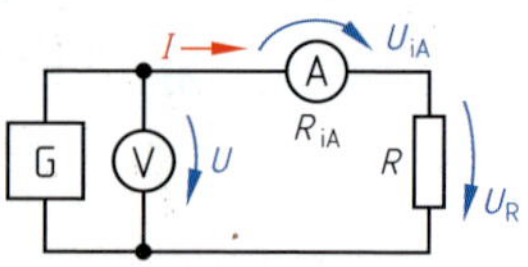

U	angezeigte Spannung
I	angezeigte Stromstärke
R_{iA}	Innenwiderstand des Strommessers
R	zu bestimmender Widerstand
U_{iA}	Spannung am Strommesser

$$R = \frac{U}{I} - R_{iA}$$

$$R = \frac{U - U_{iA}}{I}$$

Stromfehlerschaltung (für kleine Widerstände)

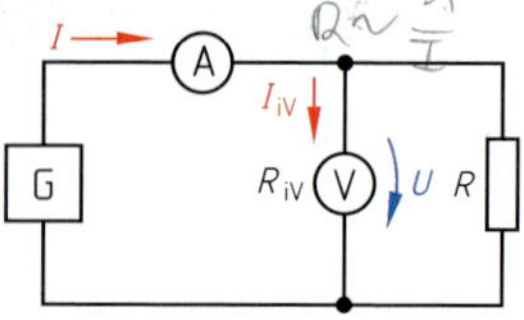

U	angezeigte Spannung
I	angezeigte Stromstärke
I_{iV}	Strom durch den Spannungsmesser
R	zu bestimmender Widerstand
R_{iV}	Innenwiderstand des Spannungsmessers

$$R = \frac{U}{I - I_{iV}}$$

$$R = \frac{U}{I - \frac{U}{R_{iV}}}$$

Widerstandsmessbrücke

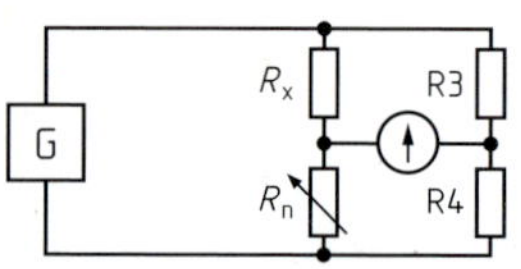

R_x	unbekannter Widerstand
R_n	Vergleichswiderstand
R_3, R_4	Brückenwiderstände

Abgleichbedingung:

$$\frac{R_x}{R_n} = \frac{R_3}{R_4}$$

$$R_x = R_n \cdot \frac{R_3}{R_4}$$

6.6 Unabgeglichene Brückenschaltung (Dreieck-Stern-Umwandlung)

Dreieck-Stern-Umwandlung

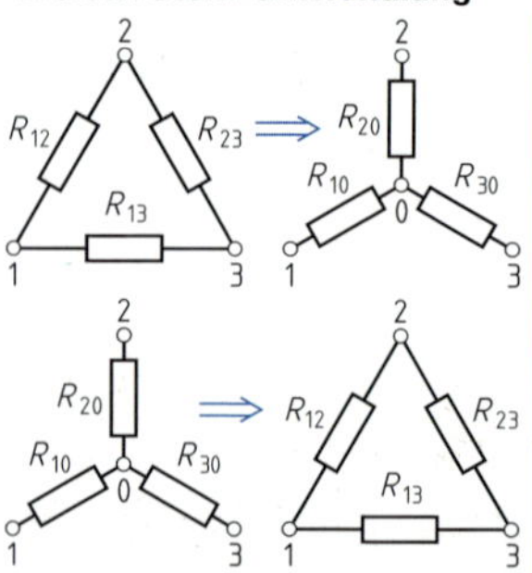

Dreieck in Stern:

$$R_{10} = \frac{R_{12} \cdot R_{13}}{R_{12} + R_{13} + R_{23}}$$

$$R_{20} = \frac{R_{12} \cdot R_{23}}{R_{12} + R_{13} + R_{23}}$$

$$R_{30} = \frac{R_{13} \cdot R_{23}}{R_{12} + R_{13} + R_{23}}$$

R_{10}, R_{20}, R_{30} Widerstände der Sternschaltung

Stern in Dreieck:

$$R_{12} = \frac{R_{10} \cdot R_{20}}{R_{30}} + R_{10} + R_{20}$$

$$R_{13} = \frac{R_{10} \cdot R_{30}}{R_{20}} + R_{10} + R_{30}$$

$$R_{23} = \frac{R_{20} \cdot R_{30}}{R_{10}} + R_{20} + R_{30}$$

R_{12}, R_{13}, R_{23} Widerstände der Dreieckschaltung

6.7 Elektrische Arbeit und elektrische Leistung

Elektrische Arbeit 	W elektrische Arbeit U Spannung I Stromstärke t Zeit Q elektrische Ladung P elektrische Leistung	$[W] = V \cdot A \cdot s = Ws = J$ $1\ J = 1\ Ws = 1\ Nm$ $1\ kWh = 3{,}6 \cdot 10^6\ Ws$	$W = U \cdot I \cdot t$ $W = P \cdot t$ $W = U \cdot Q$
Elektrische Leistung (Gleichstromleistung) 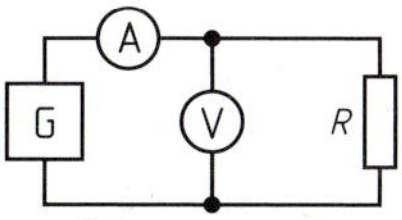	U Spannung I Stromstärke R Widerstand P elektrische Leistung W elektrische Arbeit	$[P] = V \cdot A = VA = W = \frac{J}{s}$ $1\ W = 1\ \frac{Nm}{s} = 1\ \frac{J}{s}$	$P = U \cdot I$ $P = \frac{W}{t}$ $P = \frac{U^2}{R}$ $P = I^2 \cdot R$
Leistungsbestimmung mit dem Zähler	P elektrische Leistung C_Z Zählerkonstante n Umdrehungen der Zählerscheibe je Stunde	$[P] = \frac{\frac{1}{h}}{\frac{1}{kWh}} = kW$	$P = \frac{n}{C_z}$

6.8 Wirkungsgrad (Leistungsverhältnis)

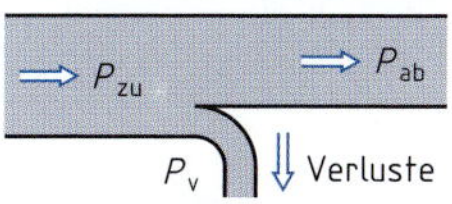	η, η_1, η_2 Wirkungsgrade P_{ab} abgegebene Leistung P_{zu} zugeführte Leistung P_v Verlustleistung	$\eta = \frac{P_{ab}}{P_{zu}}$	$P_v = P_{zu} - P_{ab}$ $\eta = \eta_1 \cdot \eta_2$

6.9 Kosten der elektrischen Arbeit (Strompreis)

€

Verbrauchsentgelt = elektrische Arbeit × Preis je KWh
Stromentgelt = Verbrauchsentgelt + Leistungsentgelt + Verrechnungsentgelt

6.10 Elektrowärme

Elektrische Arbeit und Wärme 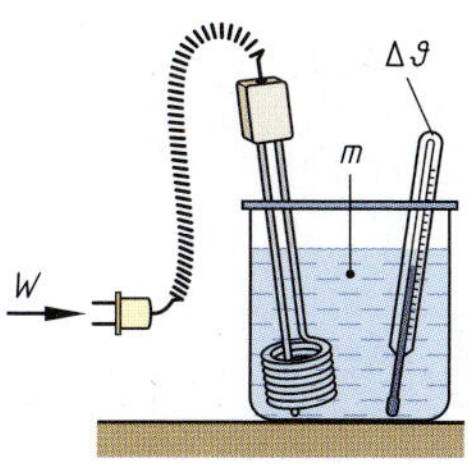 **Wärmenutzungsgrad** * nach DIN 1304 ζ (zeta) (früher: Wärmewirkungsgrad η) ζ griech. Kleinbuchstabe zeta	Q_N Nutzwärme W elektr. Arbeit m Masse c spezifische Wärmekapazität (für Wasser: $c = 4{,}187\ kJ/(kg \cdot K)$) $\Delta\vartheta$ Temperaturdifferenz ϑ Temperatur ϑ_1 Anfangstemperatur ϑ_2 Endtemperatur t Zeit P elektr. Leistung C_{th} Wärmekapazität ζ Wärmenutzungsgrad* (Energieverhältnis) Q_S Stromwärme	$[Q] = kg \cdot \frac{kJ}{kg \cdot K} \cdot K = kJ$ $[c] = \frac{J}{kg \cdot K}$ $[C] = \frac{Ws}{K} = \frac{J}{K}$ $[P] = \frac{kJ}{s} = kW$	$Q_N = c \cdot m \cdot \Delta\vartheta$ $C_{th} = \frac{Q_N}{\Delta\vartheta}$ $\Delta\vartheta = \vartheta_2 - \vartheta_1$ $c = \frac{C_{th}}{m}$ $W = \frac{Q_N}{\zeta}$; $W = Q_S = P \cdot t$ $P = \frac{m \cdot c \cdot \Delta\vartheta}{t \cdot \zeta}$ $\zeta = \frac{Q_N}{Q_S} = \frac{Q_N}{W}$
Wassermischung 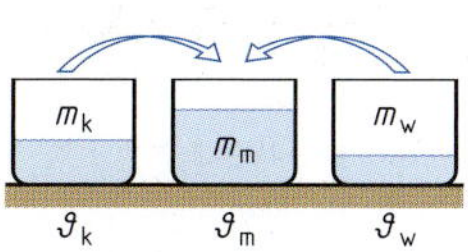	m_k Kaltwassermenge m_w Warmwassermenge m_m Mischwassermenge ϑ_k Kaltwassertemperatur ϑ_w Warmwassertemperatur ϑ_m Mischwassertemperatur		$m_m \cdot \vartheta_m = m_k \cdot \vartheta_k + m_w \cdot \vartheta_w$ $m_m = m_k + m_w$ $\vartheta_m = \frac{m_k \cdot \vartheta_k + m_w \cdot \vartheta_w}{m_k + m_w}$

6.11 Elektrochemie

Elektrolyse

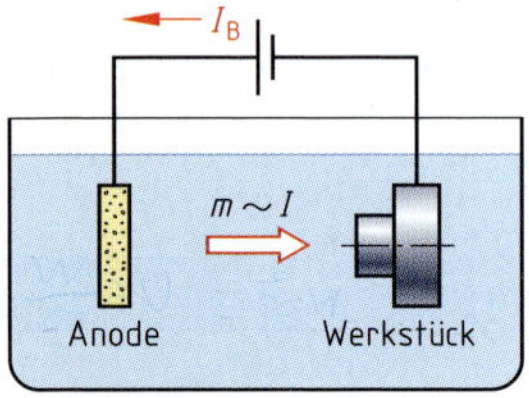

m	abgeschiedene Stoffmasse
c	elektrochemisches Äquivalent*
I	Nutzstrom
t	Zeit, Dauer
ζ_i	Stromausbeute**
I_B	Gesamtstrom (Badstrom)

$[c] = \frac{\text{mg}}{\text{As}}$

$[c] = \frac{\text{g}}{\text{Ah}}$

$1 = \frac{\text{mg}}{\text{As}} = 3{,}6 \frac{\text{g}}{\text{Ah}}$

* Elektrochemische Äquivalente c: Seite 58

** ζ griech. Kleinbuchstabe zeta

$$m = c \cdot I \cdot t$$

$$I = \zeta_i \cdot I_B$$

Galvanisches Element

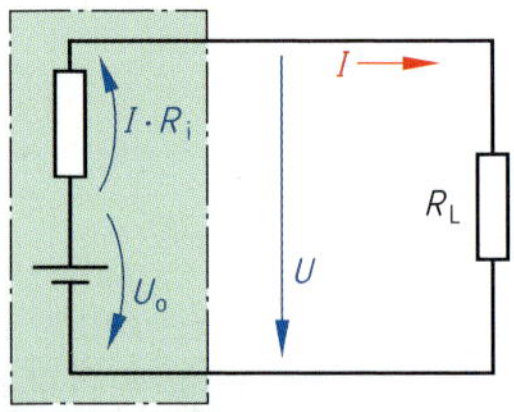

U	Klemmenspannung, Arbeitsspannung
U_0	Leerlaufspannung (Urspannung)
I	Laststrom
R_i	Innenwiderstand
R_L	Lastwiderstand
I_K	Kurzschlussstrom

Leerlauf: $I \approx 0$

$$U \approx U_0$$

Belastung: $R_L > 0$

$$U = U_0 - I \cdot R_i$$

$$I = \frac{U_0}{R_L + R_i}$$

Kurzschluss: $R_L \approx 0$

$$I_k \approx \frac{U_0}{R_i}$$

6.12 Schaltung von gleichartigen Spannungserzeugern

Reihenschaltung

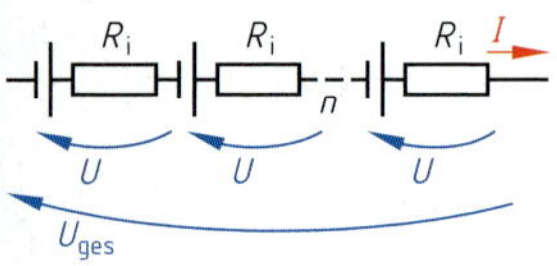

U_{ges}	gesamte Klemmenspannung
U	Klemmenspannung eines Elements
n	Zahl gleicher Elemente
R_{iges}	gesamter Innenwiderstand
R_i	Innenwiderstand eines Elements
K_{ges}	gesamte Kapazität
K	Kapazität eines Elements

$$U_{ges} = n \cdot U$$

$$R_{iges} = n \cdot R_i$$

$$K_{ges} = K$$

Parallelschaltung

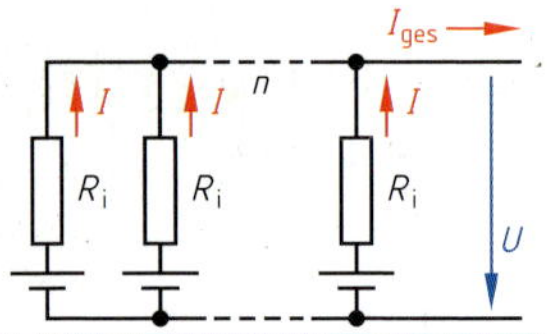

I_{ges}	gesamter Laststrom
I	Strom eines Elements
n	Zahl gleicher Elemente
R_{iges}	gesamter Innenwiderstand
R_i	Innenwiderstand eines Elements
K_{ges}	gesamte Kapazität
K	Kapazität eines Elements

$$I_{ges} = n \cdot I$$

$$R_{iges} = \frac{R_i}{n}$$

$$K_{ges} = n \cdot K$$

Akkumulatoren

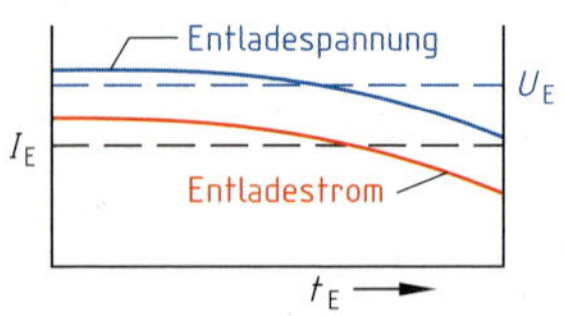

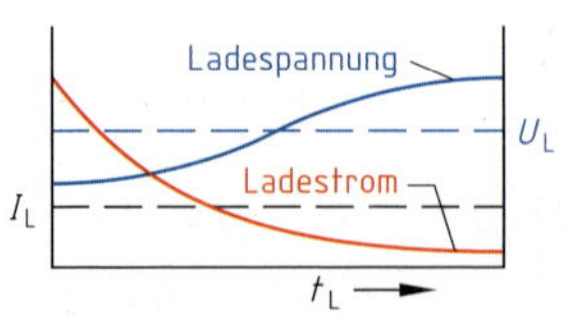

* ζ griech. Kleinbuchstabe zeta

K_E	Entladekapazität
I_E	mittl. Entladestrom
t_E	Entladezeit
U_E	mittl. Entladespannung
ζ_{Ah}	Ladungs-Nutzungsgrad*, Ladungsverhältnis (Ah-Wirkungsgrad)
ζ_{Wh}	Energie-Nutzungsgrad*, Energieverhältnis (Wh-Wirkungsgrad)
K_L	Ladekapazität
I_L	mittl. Ladestrom
t_L	Ladezeit
U_L	mittl. Ladespannung
a	Ladefaktor

$[K] = [I] \cdot [t]$

$[K] = \text{As}$

$[K] = \text{Ah}$

$1\ \text{Ah} = 3600\ \text{As}$

$k_{10} \Rightarrow K_E$ bei $t_E = 10$ h

$k_{20} \Rightarrow K_E$ bei $t_E = 20$ h

$$K_E = I_E \cdot t_E$$

$$K_L = I_L \cdot t_L$$

$$a = \frac{K_L}{K_E}$$

$$\zeta_{Ah} = \frac{K_E}{K_L}$$

$$\zeta_{Wh} = \frac{U_E \cdot I_E \cdot t_E}{U_L \cdot I_L \cdot t_L}$$

7 Elektrisches Feld, Kondensator

7.1 Elektrische Feldstärke

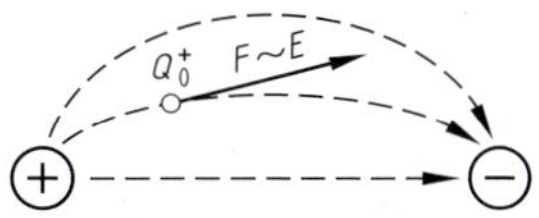

E elektrische Feldstärke
Q_0 elektrische Ladung im Feld
F Kraft auf die Ladung Q_0

$[E] = \frac{N}{C} = \frac{N}{As} = \frac{V}{m}$

$$E = \frac{F}{Q_0}$$

7.2 Kondensator

Kapazität

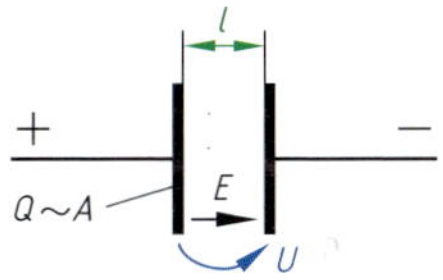

C Kapazität
Q gespeicherte Ladung
U Spannung am Kondensator
W gespeicherte Energie

$[C] = \frac{As}{V} = F$

$[W] = VAs = J$

$$C = \frac{Q}{U}$$

$$W = \frac{1}{2} C \cdot U^2$$

Plattenkondensator
(homogenes Feld)
Luft im Kondensator:

$\varepsilon_r \approx 1$

$\varepsilon \approx \varepsilon_0 = 8{,}85 \cdot 10^{-12} \frac{As}{Vm}$

Dielektrikum im Kondensator:

$\varepsilon_r > 1$

Schaltung von Kondensatoren: Seite 23

E Feldstärke zwischen den Platten
U Spannung zwischen den Platten
C Kapazität
l Plattenabstand
A wirksame Plattenfläche (Feldquerschnitt)
ε Permittivität*
ε_0 elektr. Feldkonstante
ε_r Permittivitätszahl, relat. Permittivität
σ Flächenladungsdichte, Ladungsbedeckung**
Q Ladung auf den Platten
F Kraft zwischen geladenen Kondensatorplatten

* griech. Kleinbuchstabe Epsilon
** griech. Kleinbuchstabe Sigma

$[E] = \frac{V}{m} = \frac{N}{As}$

$[C] = \frac{As \cdot m^2}{Vm \cdot m} = F$

$[\varepsilon] = [\varepsilon_0] = \frac{As}{Vm} = \frac{F}{m}$

$[\sigma] = \frac{As}{m^2}$

$[E] = \frac{As \cdot Vm}{m^2 \cdot As} = \frac{V}{m}$

$[F] = \frac{As \cdot V^2}{Vm} = N$

$$E = \frac{U}{l}$$

$$C = \varepsilon \cdot \frac{A}{l}$$

$$\varepsilon = \varepsilon_r \cdot \varepsilon_0$$

$$\sigma = \frac{Q}{A}$$

$$E = \frac{\sigma}{\varepsilon}$$

$$F = \frac{1}{2} \cdot \varepsilon \cdot \frac{U^2}{l^2} \cdot A$$

Tabelle: Permittivitätszahlen (früher Dielektrizitätszahlen)

Dielektrikum	ε_r	Dielektrikum	ε_r	Dielektrikum	ε_r	Dielektrikum	ε_r
Luft	1	Polystyrol	2,5	Glimmer	6 bis 8	Wasser	80
Acrylglas	3,5	Hartpapier	4	Glas	4 bis 8	Isolieröl	1 bis 2,4
Polyethylen	2,3	Keramik	10 bis 10000	Porzellan	5 bis 6	Phenolharz	5

7.3 Zeitkonstante bei RC-Schaltung, Ladezeit und Entladezeit

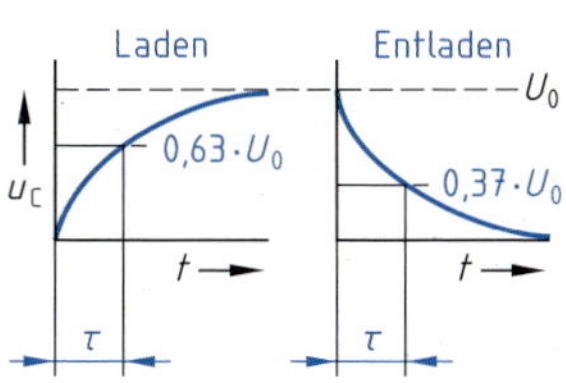

U_0 Ladespannung, Spannung des geladenen Kondensators
u_C Momentanwert der Spannung am Kondensator
τ Zeitkonstante
C Kapazität
R Widerstand im Stromkreis
t_C Ladezeit, Entladezeit
t Zeit, Dauer
e Eulersche Zahl ($e = 2{,}718...$)

$[\tau] = \frac{V}{A} \cdot \frac{As}{V} = s$

Eingabemodus e-Funktion:
Taste e^x

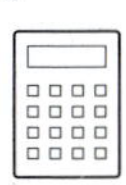

$$\tau = R \cdot C$$

$t_C \approx 5 \cdot \tau$

Laden:

$$u_C = U_0 \cdot \left(1 - e^{-\frac{t}{\tau}}\right)$$

Entladen:

$$u_C = U_0 \cdot e^{-\frac{t}{\tau}}$$

8 Magnetisches Feld

8.1 Magnetische Größen

Durchflutung

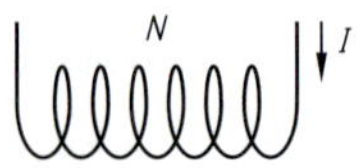

Θ Durchflutung I Stromstärke N Windungszahl	$[\Theta]$ = A	$\Theta = I \cdot N$

Feldstärke

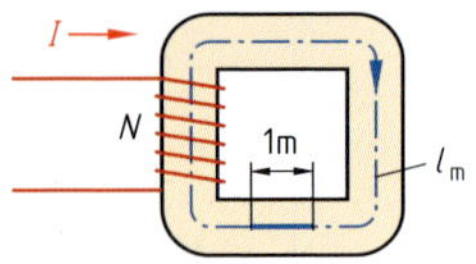

H magnetische Feldstärke Θ Durchflutung I Stromstärke N Windungszahl l_m mittlere Feldlinienlänge	$[H] = \frac{\text{A}}{\text{m}}$	$H = \frac{\Theta}{l_m}$ $H = \frac{I \cdot N}{l_m}$

Flussdichte

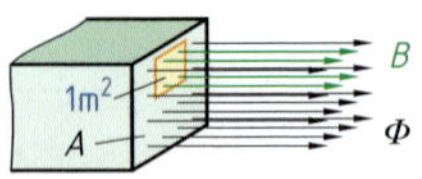

B magnetische Flussdichte Φ magnetischer Fluss A Querschnittsfläche	$[\Phi]$ = Vs = Wb $[B] = \frac{\text{Vs}}{\text{m}^2}$ = T	$B = \frac{\Phi}{A}$

Flussdichte und Feldstärke

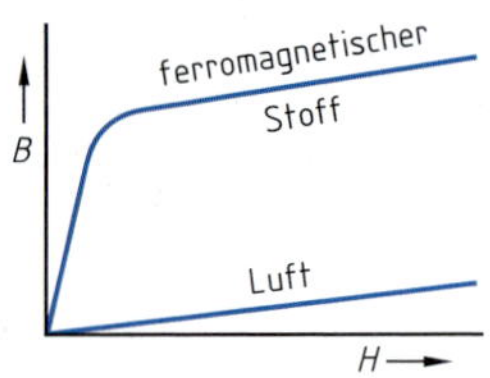

B magnetische Flussdichte H magnetische Feldstärke μ Permeabilität μ_0 magnet. Feldkonstante $\left(\mu_0 = 1{,}257 \cdot 10^{-6}\ \frac{\text{Vs}}{\text{Am}}\right)$ μ_r Permeabilitätszahl (relative Permeabilität)	$[\mu] = \frac{\text{Vs}}{\text{Am}} = \frac{\text{H}}{\text{m}}$ $[\mu_0] = [\mu]$ $[H] = \frac{\text{A}}{\text{m}}$ $[B] = \frac{\text{Vs}}{\text{m}^2}$ = T	$B = \mu \cdot H$ $\mu = \mu_0 \cdot \mu_r$
Feld in Luft und in nichtferromagnetischen Stoffen: $\mu_r \approx 1$	Feld in ferromagnetischem Stoff: $\mu_r \gg 1$	

Magnetischer Widerstand

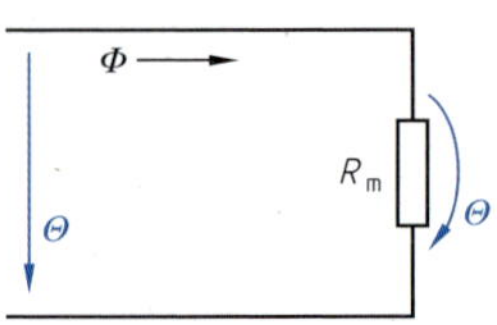

R_m magnetischer Widerstand Θ Durchflutung Φ magnetischer Fluss l_m mittlere Feldlinienlänge μ_0 magnet. Feldkonstante μ_r Permeabilitätszahl (relative Permeabilität) A Kernquerschnitt	$[R_m] = \frac{\text{A}}{\text{Vs}} = \frac{1}{\text{H}}$ $= \frac{1}{\Omega\text{s}}$	$R_m = \frac{\Theta}{\Phi}$ $R_m = \frac{l_m}{\mu_0 \cdot \mu_r \cdot A}$

Magnetischer Leitwert

Λ magnetischer Leitwert R_m magnetischer Widerstand	$[\Lambda] = \frac{\text{Vs}}{\text{A}}$ = H = Ωs	$\Lambda = \frac{1}{R_m}$

8.2 Haltekraft von Elektromagneten

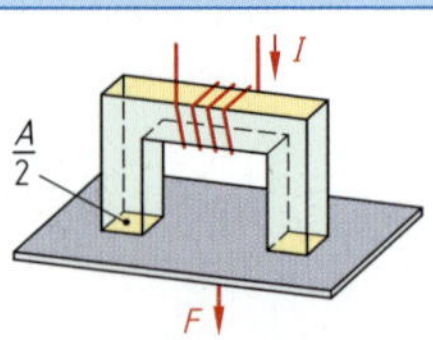

F Haltekraft, Tragkraft B magnetische Flussdichte A Gesamte Polfläche (wirksame Fläche) μ_0 magnet. Feldkonstante	$[F] = \frac{\text{T}^2 \cdot \text{m}^2}{\frac{\text{Vs}}{\text{Am}}}$ $= \frac{\text{VAs}}{\text{m}} = \frac{\text{Nm}}{\text{m}}$ = N	$F = \frac{B^2 \cdot A}{2 \cdot \mu_0}$

8.3 Magnetische Feldkräfte

Kraft auf stromdurchflossene Leiter im Magnetfeld

M = 2 · r · F · sin α

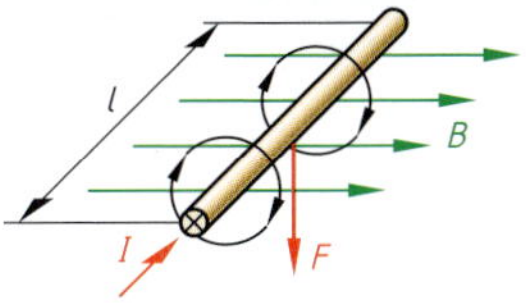

F	Ablenkkraft
B	magnetische Flussdichte
l	Leiterlänge im Magnetfeld
I	Stromstärke im Leiter
z	Zahl der stromdurchflossenen Leiter im Feld
N	Windungszahl

$$[F] = \frac{Vs}{m^2} \cdot A \cdot m = \frac{Ws}{m} = \frac{Nm}{m} = N$$

$$F = B \cdot I \cdot l \cdot z$$

Bei Drehspulen Leiterschleife

$$z = 2 \cdot N$$

z = N bei Spule

Kraft zwischen zwei parallelen Leitern

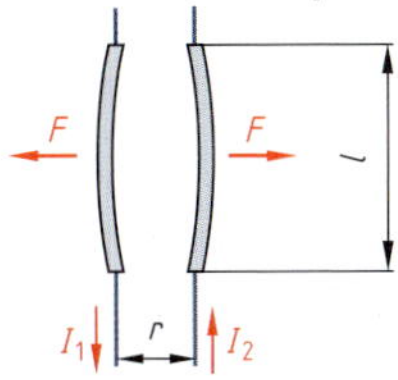

F	Kraft zwischen den Leitern
I_1	Stromstärke im Leiter 1
I_2	Stromstärke im Leiter 2
l	Leiterlänge im Magnetfeld
r	Leiterabstand
μ_0	magnet. Feldkonstante

$$[F] = \frac{Vs \cdot A^2 \cdot m}{Am \cdot m} = \frac{Nm}{m} = N$$

$$\mu_0 = 1{,}257 \cdot 10^{-6} \frac{Vs}{Am}$$

$$F = \frac{\mu_0 \cdot I_1 \cdot I_2 \cdot l}{2\pi \cdot r}$$

$V = \frac{\pi \cdot d \cdot n}{60}$

8.4 Induktion

Induktion der Ruhe

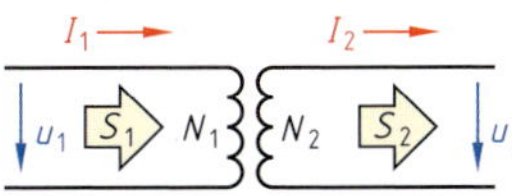

u_i	induzierte Spannung
$\Delta\Phi$	Flussänderung
Δt	Zeitdauer der Flussänderung
N	Windungszahl

$$[u_i] = \frac{Vs}{s} = V$$

$$u_i = -N \cdot \frac{\Delta\Phi}{\Delta t}$$

Induktion der Bewegung

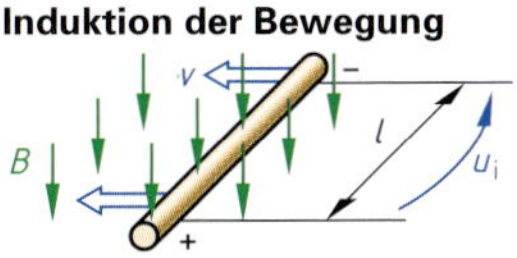

u_i	induzierte Spannung
B	magnetische Flussdichte
l	wirksame Leiterlänge
v	Geschwindigkeit
z	Anzahl der Leiter

$$[u_i] = \frac{Vs}{m^2} \cdot m \cdot \frac{m}{s} = V$$

$$u_i = B \cdot l \cdot v \cdot z$$

Induktivität
(Eigeninduktivität)

Schalenkern

u_i	Selbstinduktionsspannung
L	Induktivität
Δi	Stromänderung
Δt	Zeitdauer der Änderung
N	Windungszahl
Φ	magnetischer Fluss
I	Stromstärke
μ	Permeabilität
A	Spulenquerschnitt
l_m	mittlere Feldlinienlänge
R	Wirkwiderstand im Spulenstromkreis
τ	Zeitkonstante
t	Zeit für Stromanstieg beim Einschalten
A_L	Spulenkonstante in nH/Wdg

$$[L] = \frac{Vs}{A} = H$$

$$\mu_0 = 1{,}257 \cdot 10^{-6} \frac{Vs}{Am}$$

$$t \approx 5 \cdot \tau$$

$$\tau = \frac{L}{R}$$

$$u_i = -L \cdot \frac{\Delta i}{\Delta t}$$

$$L = \frac{N \cdot \Phi}{I}$$

$$L = \mu \cdot N^2 \cdot \frac{A}{l_m}$$

$$L = N^2 \cdot A_L$$

Energieinhalt des magnetischen Feldes einer Spule

W	Energie
L	Induktivität
I	Stromstärke

$$[W] = \frac{Vs}{A} \cdot A^2 = Ws = J$$

$$W = \frac{1}{2} \cdot L \cdot I^2$$

Halleffekt

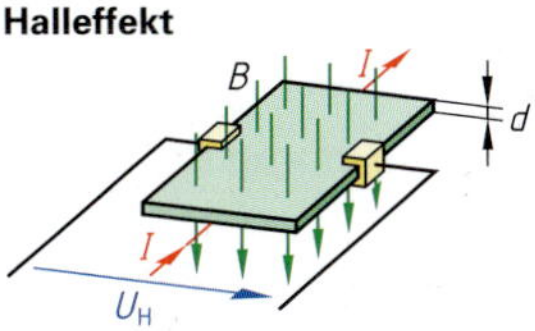

U_H	Hallspannung
I	Stromstärke
R_H	Hallkonstante
B	magnetische Flussdichte
d	Dicke des Hallplättchens

$$[R_H] = \frac{m^3}{As}$$

$$[U_H] = \frac{m^3}{As} \cdot A \cdot \frac{Vs}{m^2} \cdot \frac{1}{m} = V$$

$$U_H = \frac{R_H \cdot I \cdot B}{d}$$

8 Magnetisches Feld

9 Wechselstrom und Drehstrom

9.1 Grundgrößen des Wechselstroms

Frequenz, Kreisfrequenz, Wellenlänge, Augenblickswerte, Scheitelwerte, Effektivwerte

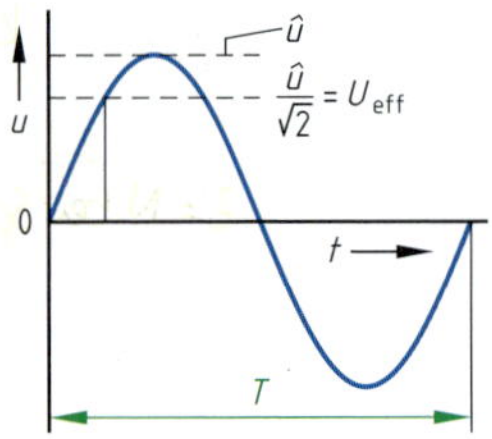

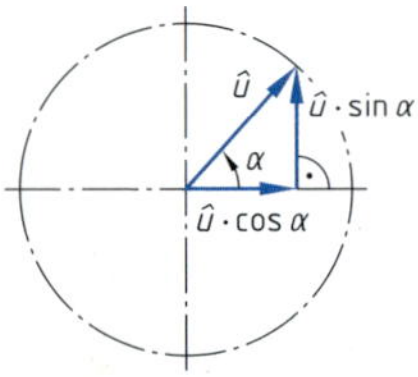

f	Frequenz
T	Periodendauer
ω	Kreisfrequenz
α	Winkel, Drehwinkel
t	Zeit
λ	Wellenlänge
c	Ausbreitungsgeschwindigkeit elektromagnetischer Wellen im leeren Raum (**c** ≈ 300 000 km/s)
u	Augenblickswert der Spannung
$\hat{u}$, u_{max}	Scheitelwert der Spannung
U, U_{eff}	Effektivwert der Spannung
i	Augenblickswert des Stromes
$\hat{i}$, i_{max}	Scheitelwert des Stromes
I, I_{eff}	Effektivwert des Stromes
p	Polpaarzahl
n	Drehzahl

$[f] = \frac{1}{s} = \text{Hz}$

$[\omega] = \frac{1}{s}$

$\alpha = \frac{t \cdot 360°}{T}$

Für Sinusform:

$$f = \frac{1}{T}$$

$$\lambda = \frac{c}{f}$$

$$U_{eff} = U = \frac{\hat{u}}{\sqrt{2}} \qquad I_{eff} = I = \frac{\hat{i}}{\sqrt{2}}$$

$$\omega = 2\pi \cdot f \qquad \alpha = \omega \cdot t$$

$$u = \hat{u} \cdot \sin\alpha \qquad i = \hat{i} \cdot \sin\alpha$$

$$u = \hat{u} \cdot \sin(\omega t) \qquad i = \hat{i} \cdot \sin(\omega t)$$

360° ≙ T

360° ≙ 2 π

$$f = p \cdot n$$

9.2 Wechselstromwiderstände

$y = \hat{u} \cdot \cos(\omega t + \varphi) = \hat{u} \cdot \sin(\omega t + \varphi + \frac{\pi}{2})$

Induktiver Blindwiderstand, induktiver Blindleitwert

L	Induktivität
X_L	induktiver Blindwiderstand
ω	Kreisfrequenz
B_L	induktiver Blindleitwert

$[L] = \frac{Vs}{A} = H$

$[X_L] = \frac{1}{s} \cdot \Omega s = \Omega$

$[B_L] = \frac{1}{\Omega} = S$

$[\omega] = \frac{1}{s}$

$$X_L = \omega \cdot L$$

$$B_L = \frac{1}{\omega \cdot L}$$

Reihenschaltung von Induktivitäten

L	Ersatzinduktivität
L_1, L_2 …	Teilinduktivitäten
X_L	induktiver Ersatzblindwiderstand
X_{L1}, X_{L2} …	induktive Teilblindwiderstände

$$L = L_1 + L_2 + L_3 + \ldots$$

$$X_L = X_{L1} + X_{L2} + X_{L3} + \ldots$$

Parallelschaltung von Induktivitäten

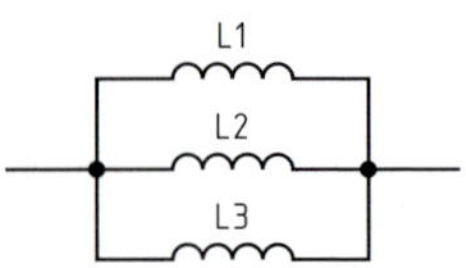

L	Ersatzinduktivität
L_1, L_2 …	Teilinduktivitäten
X_L	induktiver Ersatzblindwiderstand
X_{L1}, X_{L2} …	induktive Teilblindwiderstände

$$\frac{1}{L} = \frac{1}{L_1} + \frac{1}{L_2} + \frac{1}{L_3} + \ldots$$

$$\frac{1}{X_L} = \frac{1}{X_{L1}} + \frac{1}{X_{L2}} + \frac{1}{X_{L3}} + \ldots$$

Reihenschaltung von Wirkwiderstand und Induktivität

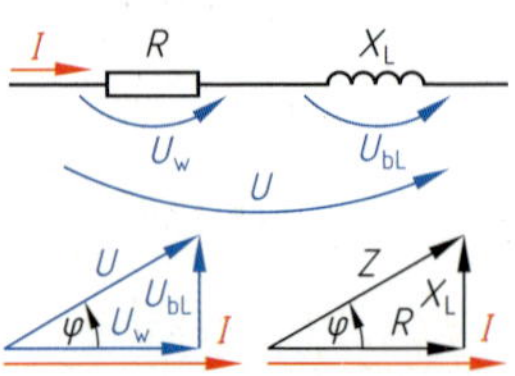

U	Gesamtspannung
U_w	Wirkspannung
U_{bL}	induktive Blindspannung
R	Wirkwiderstand
X_L	induktiver Blindwiderstand
Z	Scheinwiderstand
φ	Phasenverschiebungswinkel

$$U = \sqrt{U_w^2 + U_{bL}^2}$$

$$U_w = U \cdot \cos\varphi; \qquad U_{bL} = U \cdot \sin\varphi$$

$$Z = \sqrt{R^2 + X_L^2}$$

$$R = Z \cdot \cos\varphi; \qquad X_L = Z \cdot \sin\varphi$$

Parallelschaltung von Wirkwiderstand und Induktivität

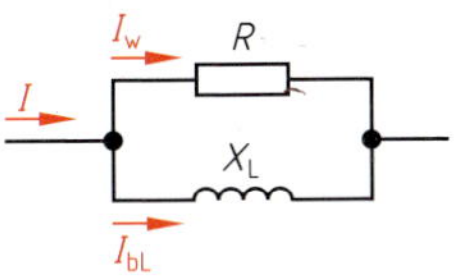

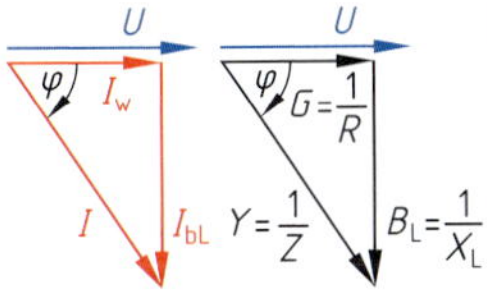

I	Gesamtstrom
I_w	Wirkstrom
I_{bL}	induktiver Blindstrom
R	Wirkwiderstand
X_L	induktiver Blindwiderstand
Z	Scheinwiderstand
Y	Scheinleitwert
G	Wirkleitwert
B_L	Induktiver Blindleitwert
φ	Phasenverschiebungswinkel
$\cos\varphi$	Wirkfaktor
$\sin\varphi$	Blindfaktor

$$G = Y \cdot \cos\varphi$$

$$B_L = Y \cdot \sin\varphi$$

$$\frac{1}{Z} = \sqrt{\frac{1}{R^2} + \frac{1}{X_L^2}}$$

$$I = \sqrt{I_w^2 + I_{bL}^2}$$
$$I_w = I \cdot \cos\varphi$$
$$I_{bL} = I \cdot \sin\varphi$$

$$Y = \sqrt{G^2 + B_L^2}$$

$$Z = \frac{1}{\sqrt{\frac{1}{R^2} + \frac{1}{X_L^2}}}$$

$$R = \frac{Z}{\cos\varphi}$$

$$X_L = \frac{Z}{\sin\varphi}$$

Kapazitiver Blindwiderstand, kapazitiver Blindleitwert

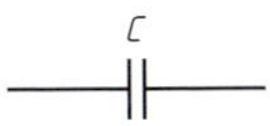

C	Kapazität
X_C	kapazitiver Blindwiderstand
ω	Kreisfrequenz
B_C	kapazitiver Blindleitwert

$$[C] = \frac{\text{As}}{\text{V}} = \frac{\text{s}}{\Omega} = \text{F}$$

$$[X_C] = \frac{1}{\frac{1}{\text{s}} \cdot \frac{\text{s}}{\Omega}} = \Omega$$

$$[B_C] = \frac{1}{\Omega} = \text{S}$$

$$X_C = \frac{1}{\omega \cdot C}$$

$$B_C = \omega \cdot C$$

Reihenschaltung von Kapazitäten

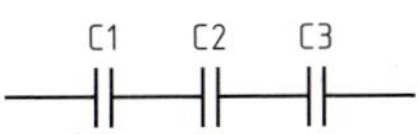

C	Ersatzkapazität
$C_1, C_2 \dots$	Teilkapazitäten
X_C	kapazitiver Ersatzblindwiderstand
$X_{C1}, X_{C2} \dots$	kapazitive Teilblindwiderstände

Für zwei Kapazitäten:

$$C = \frac{C_1 \cdot C_2}{C_1 + C_2}$$

$$\frac{1}{C} = \frac{1}{C_1} + \frac{1}{C_2} + \frac{1}{C_3} + \dots$$

$$X_C = X_{C1} + X_{C2} + X_{C3} + \dots$$

Parallelschaltung von Kapazitäten

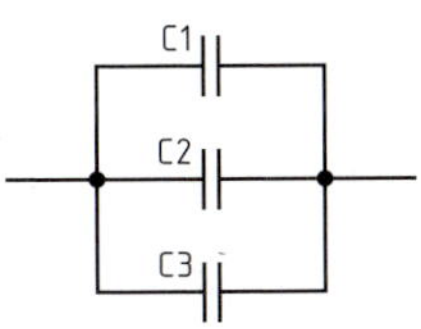

C	Ersatzkapazität
$C_1, C_2 \dots$	Teilkapazitäten
B_C	kapazitiver Ersatzblindleitwert
$B_{C1}, B_{C2} \dots$	kapazitiver Teilblindleitwert
X_C	kapazitiver Ersatzblindwiderstand
$X_{C1}, X_{C2} \dots$	kapazitive Teilblindwiderstände

Für zwei kapazitive Blindwiderstände:

$$X_C = \frac{X_{C1} \cdot X_{C2}}{X_{C1} + X_{C2}}$$

$$C = C_1 + C_2 + C_3 + \dots$$

$$B_C = B_{C1} + B_{C2} + B_{C3} + \dots$$

$$\frac{1}{X_C} = \frac{1}{X_{C1}} + \frac{1}{X_{C2}} + \frac{1}{X_{C3}} + \dots$$

Reihenschaltung von Wirkwiderstand und Kapazität

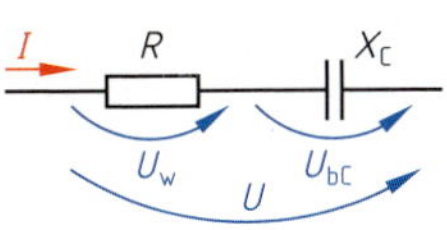

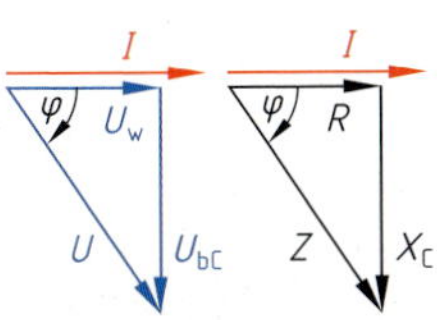

U	Gesamtspannung
U_w	Wirkspannung
U_{bC}	kapazitive Blindspannung
I	Strom
R	Wirkwiderstand
X_C	kapazitiver Blindwiderstand
Z	Scheinwiderstand
φ	Phasenverschiebungswinkel
$\cos\varphi$	Wirkfaktor
$\sin\varphi$	Blindfaktor

$$U = \sqrt{U_w^2 + U_{bC}^2}$$
$$U = I \cdot Z$$
$$U_w = U \cdot \cos\varphi$$
$$U_{bC} = U \cdot \sin\varphi$$

$$Z = \sqrt{R^2 + X_C^2}$$

$$R = Z \cdot \cos\varphi$$

$$X_C = Z \cdot \sin\varphi$$

Parallelschaltung von Wirkwiderstand und Kapazität

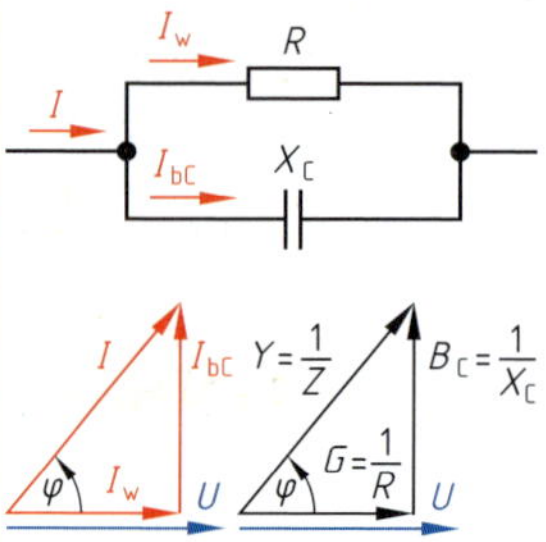

- I Gesamtstrom
- I_w Wirkstrom
- I_{bC} kapazitiver Blindstrom
- R Wirkwiderstand
- X_C kapazitiver Blindwiderstand
- Z Scheinwiderstand
- G Wirkleitwert
- Y Scheinleitwert
- B_C kapazitiver Blindleitwert
- φ Phasenverschiebungswinkel

$G = Y \cdot \cos\varphi$

$B_C = Y \cdot \sin\varphi$

$R = \frac{Z}{\cos\varphi}$

$I = \sqrt{I_w^2 + I_{bC}^2}$

$I_w = I \cdot \cos\varphi$

$I_{bC} = I \cdot \sin\varphi$

$Y = \sqrt{G^2 + B_C^2}$

$Z = \frac{1}{\sqrt{\frac{1}{R^2} + \frac{1}{X_C^2}}}$

$X_C = \frac{Z}{\sin\varphi}$

Reihenschaltung von Wirkwiderstand, Induktivität und Kapazität

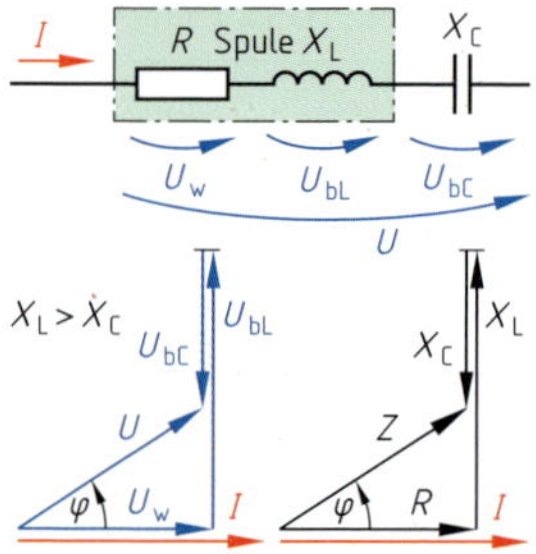

- U Gesamtspannung
- U_w Wirkspannung
- U_{bL} induktive Blindspannung
- U_{bC} kapazitive Blindspannung
- R Wirkwiderstand
- X_L induktiver Blindwiderstand
- X_C kapazitiver Blindwiderstand
- X Resultierender Blindwiderstand
- Z Scheinwiderstand
- φ Phasenverschiebungswinkel

$U_b = U_{bL} - U_{bC}$

$X = X_L - X_C$

$U = \sqrt{U_w^2 + (U_{bL} - U_{bC})^2}$

$U_w = U \cdot \cos\varphi$

$U_b = U \cdot \sin\varphi$

$Z = \sqrt{R^2 + (X_L - X_C)^2}$

$R = Z \cdot \cos\varphi$

$X = Z \cdot \sin\varphi$

Parallelschaltung von Wirkwiderstand, Induktivität und Kapazität

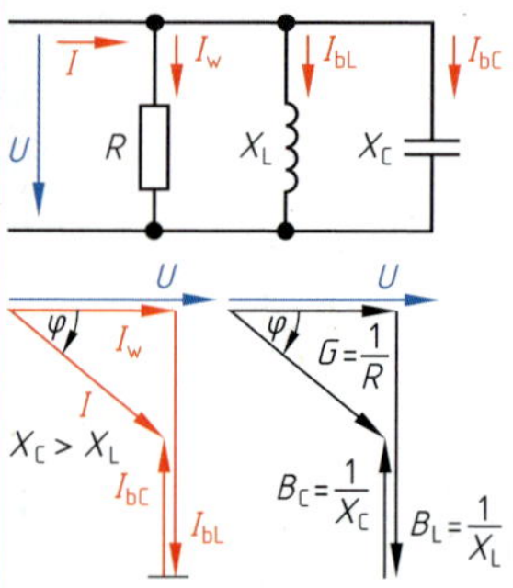

- I Gesamtstrom
- I_w Wirkstrom
- I_{bL} induktiver Blindstrom
- I_{bC} kapazitiver Blindstrom
- I_b resultierender Blindstrom
- R Wirkwiderstand
- X_L induktiver Blindwiderstand
- X_C kapazitiver Blindwiderstand
- Z Scheinwiderstand
- φ Phasenverschiebungswinkel
- G Wirkleitwert
- Y Scheinleitwert
- B_L induktiver Blindleitwert
- B_C kapazitiver Blindleitwert
- B resultierender Blindleitwert

$I_b = I_{bL} - I_{bC}$

$B = B_L - B_C$

$G = Y \cdot \cos\varphi$

$I = \sqrt{I_w^2 + (I_{bL} - I_{bC})^2}$

$I_w = I \cdot \cos\varphi$

$I_b = I \cdot \sin\varphi$

$Y = \sqrt{G^2 + (B_L - B_C)^2}$

$B = Y \cdot \sin\varphi$

$Z = \frac{1}{\sqrt{\frac{1}{R^2} + \left(\frac{1}{X_L} - \frac{1}{X_C}\right)^2}}$

9.3 Ohmsches Gesetz für den Wechselstromkreis

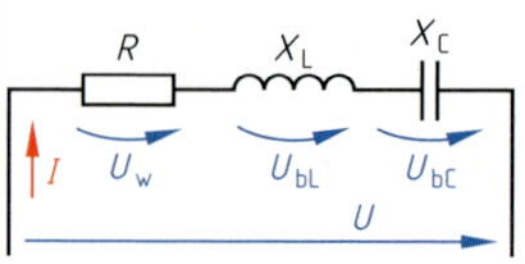

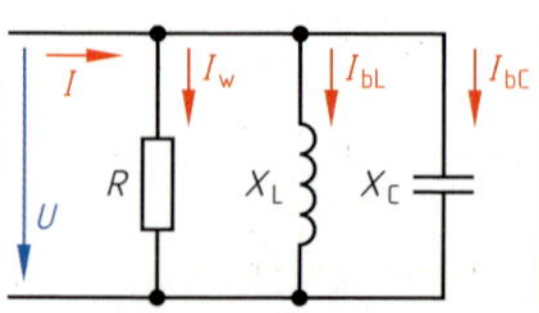

- R Wirkwiderstand
- X_L induktiver Blindwiderstand
- X_C kapazitiver Blindwiderstand
- Z Scheinwiderstand
- U Gesamtspannung
- U_w Wirkspannung
- U_{bL} induktive Blindspannung
- U_{bC} kapazitive Blindspannung
- I Gesamtstrom
- I_w Wirkstrom
- I_{bL} induktiver Blindstrom
- I_{bC} kapazitiver Blindstrom

Für Reihenschaltung:

$I = \frac{U}{\sqrt{R^2 + (X_L - X_C)^2}}$

$U = I \cdot Z$

$U_w = I \cdot R$

$U_{bL} = I \cdot X_L$

$U_{bC} = I \cdot X_C$

Für Parallelschaltung:

$I = U\sqrt{\frac{1}{R^2} + \left(\frac{1}{X_L} - \frac{1}{X_C}\right)^2}$

$I_w = \frac{U}{R}$

$I_{bL} = \frac{U}{X_L}$

$I_{bC} = \frac{U}{X_C}$

$I = \frac{U}{Z}$

9.4 Resonanz (Parallel- und Reihenschwingkreis)

Reihenschwingkreis

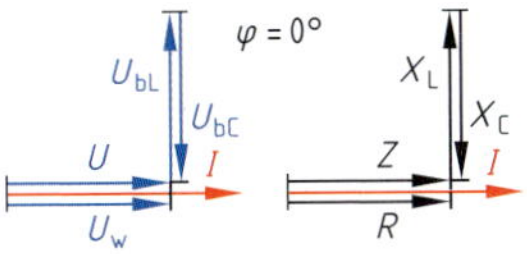

Parallelschwingkreis

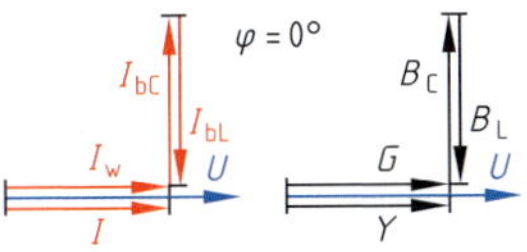

- f_r Resonanzfrequenz
- ω_r Resonanzkreisfrequenz
- L Induktivität
- C Kapazität
- X_L induktiver Blindwiderstand
- X_C kapazitiver Blindwiderstand
- R Wirkwiderstand
- Q Gütefaktor
- d Verlustfaktor
- I_{bL} induktiver Blindstrom
- I_{bC} kapazitiver Blindstrom
- I Gesamtstrom
- U_{bL} induktive Blindspannung
- U_{bC} kapazitive Blindspannung
- U Gesamtspannung
- b Bandbreite

Bei Resonanz:

$$X_L = X_C$$

$$[f_n] = \frac{1}{s}$$

$$d = \frac{1}{Q}$$

$$b = \frac{f_r}{Q}$$

$$\omega_r \cdot L = \frac{1}{\omega_r \cdot C}$$

$$\omega_r = \frac{1}{\sqrt{L \cdot C}}$$

$$f_r = \frac{1}{2\pi \cdot \sqrt{L \cdot C}}$$

Parallelresonanz:

$$Q = \frac{I_{bL}}{I} = \frac{I_{bC}}{I} = \frac{R}{\omega_r \cdot L}$$

Reihenresonanz:

$$Q = \frac{U_{bL}}{U} = \frac{U_{bC}}{U} = \frac{\omega_r \cdot L}{R}$$

9.5 Leistung bei Wechselstrom

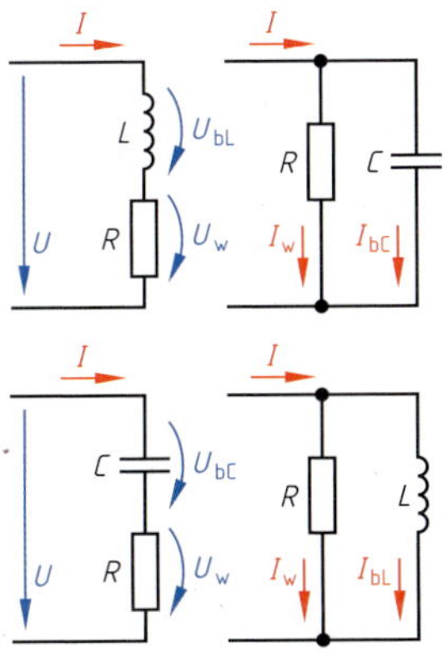

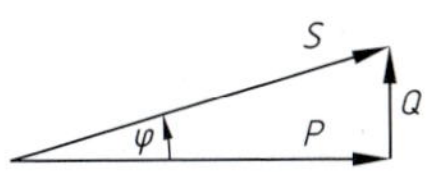

- S Scheinleistung
- P Wirkleistung
- Q_C kapazitive Blindleistung
- Q_L induktive Blindleistung
- φ Phasenverschiebungswinkel
- $\cos\varphi$ Wirkfaktor
- $\sin\varphi$ Blindfaktor
- U Gesamtspannung
- U_w Wirkspannung
- U_{bL} induktive Blindspannung
- U_{bC} kapazitive Blindspannung
- I Gesamtstrom
- I_{bL} induktiver Blindstrom
- I_{bC} kapazitiver Blindstrom
- X_L induktiver Blindwiderstand
- X_C kapazitiver Blindwiderstand

$$[S] = V \cdot A = VA$$

$$[P] = V \cdot A = W$$

$$[Q_L] = var$$

$$[Q_C] = var$$

$$S = U \cdot I$$

$$S = \sqrt{P^2 + Q_C^2}$$

$$S = \sqrt{P^2 + Q_L^2}$$

$$P = S \cdot \cos\varphi$$

$$Q_L = S \cdot \sin\varphi$$

$$Q_C = S \cdot \sin\varphi$$

$$Q_L = \frac{U_{bL}^2}{X_L}; \qquad Q_C = \frac{U_{bC}^2}{X_C}$$

$$Q_L = I_{bL}^2 \cdot X_L; \qquad Q_C = I_{bC}^2 \cdot X_C$$

$$\cos\varphi = \frac{P}{S} \qquad \sin\varphi = \frac{Q_L}{S}$$

9.6 Kompensation der Blindleistung

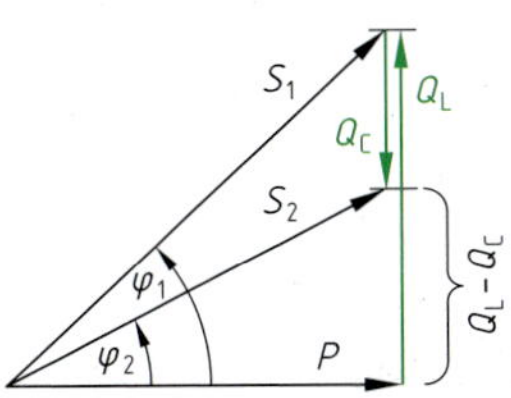

- P Wirkleistung
- Q_C kapazitive Blindleistung
- φ_1 Phasenverschiebungswinkel, vor der Kompensation
- φ_1 Phasenverschiebungswinkel, nach der Kompensation
- C Kapazität des Kompensationskondensators $[C] = F$
- f Frequenz
- U Spannung
- I_{bC} kapazitiver Blindstrom
- I Strom
- X_C kapazitiver Blindwiderstand

$$Q_C = P(\tan\varphi_1 - \tan\varphi_2)$$

$$Q_C = U \cdot I_{bC} = \frac{U^2}{X_C} = I_{bC}^2 \cdot X_C$$

Parallelkompensation:

$$C = \frac{Q_C}{2\pi \cdot f \cdot U^2}$$

Reihenkompensation:

$$C = \frac{I^2}{2\pi \cdot f \cdot Q_C}$$

9.7 Sinus- und nichtsinusförmige Spannungen*

Spannungsform	Formelzeichen	Effektivwert	arithmetischer Mittelwert	Crestfaktor
Sinusspannung 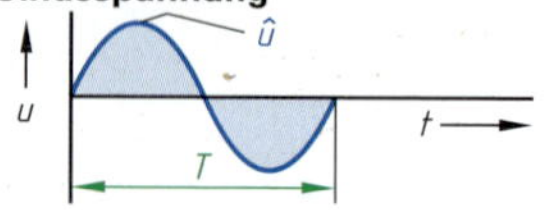	U Effektivwert $\hat{u}$ Scheitelwert $\bar{u}$ arithmetischer Mittelwert F_C Crestfaktor	$U = \frac{\hat{u}}{\sqrt{2}}$	$\bar{u} = 0$	$F_C = \sqrt{2}$
Rechteckwechselspannung 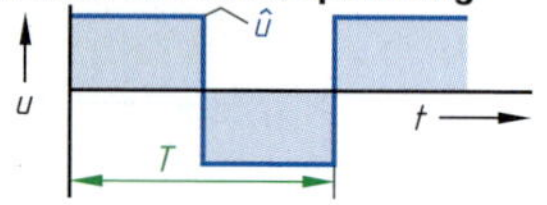	U Effektivwert $\hat{u}$ Scheitelwert $\bar{u}$ arithmetischer Mittelwert F_C Crestfaktor	$U = \hat{u}$	$\bar{u} = 0$	$F_C = 1$
Rechteckimpuls (1) 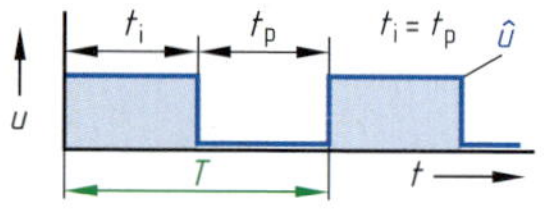	U Effektivwert $\hat{u}$ Scheitelwert $\bar{u}$ arithmetischer Mittelwert F_C Crestfaktor t_i Impulsdauer t_p Pausendauer	$U = \frac{\hat{u}}{\sqrt{2}}$	$\bar{u} = \frac{\hat{u}}{2}$	$F_C = \sqrt{2}$
Rechteckimpuls (2) 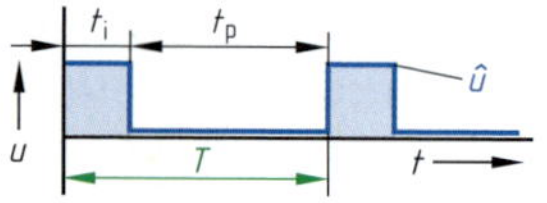	U Effektivwert $\hat{u}$ Scheitelwert $\bar{u}$ arithmetischer Mittelwert F_C Crestfaktor t_i Impulsdauer t_p Pausendauer	$U = \sqrt{\frac{t_i}{T}} \cdot \hat{u}$	$\bar{u} = \frac{t_i \cdot \hat{u}}{T}$	$F_C = \sqrt{\frac{T}{t_i}}$
Dreieckspannung 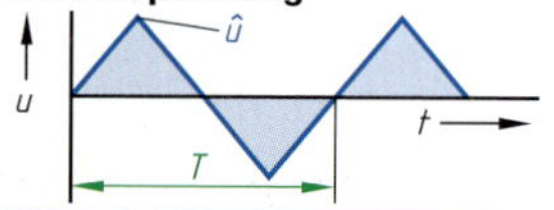	U Effektivwert $\hat{u}$ Scheitelwert $\bar{u}$ arithmetischer Mittelwert F_C Crestfaktor	$U = \frac{\hat{u}}{\sqrt{3}}$	$\bar{u} = 0$	$F_C = \sqrt{3}$
Sägezahnspannung 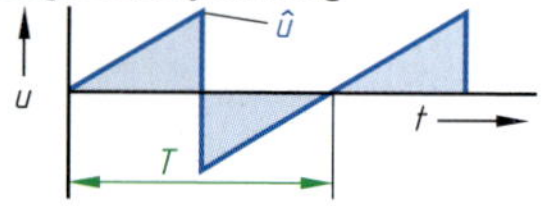	U Effektivwert $\hat{u}$ Scheitelwert $\bar{u}$ arithmetischer Mittelwert F_C Crestfaktor	$U = \frac{\hat{u}}{\sqrt{3}}$	$\bar{u} = 0$	$F_C = \sqrt{3}$
Dreieckimpuls 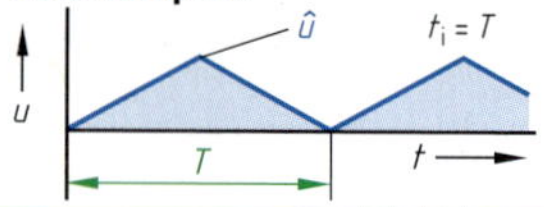	U Effektivwert $\hat{u}$ Scheitelwert $\bar{u}$ arithmetischer Mittelwert F_C Crestfaktor	$U = \frac{\hat{u}}{\sqrt{3}}$	$\bar{u} = \frac{\hat{u}}{2}$	$F_C = \sqrt{3}$
Sägezahnimpuls 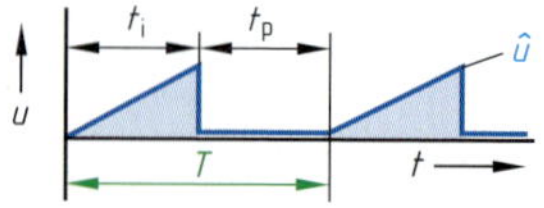	U Effektivwert $\hat{u}$ Scheitelwert $\bar{u}$ arithmetischer Mittelwert F_C Crestfaktor t_i Impulsdauer t_p Pausendauer	$U = \sqrt{\frac{t_i}{3 \cdot T}} \cdot \hat{u}$	$\bar{u} = \frac{t_i \cdot \hat{u}}{2 \cdot T}$	$F_C = \sqrt{\frac{3 \cdot T}{t_i}}$
Gleichspannung, pulsierend (1) 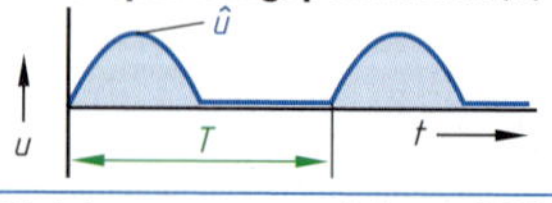	U Effektivwert $\hat{u}$ Scheitelwert $\bar{u}$ arithmetischer Mittelwert F_C Crestfaktor	$U = \frac{\hat{u}}{2}$	$\bar{u} = \frac{\hat{u}}{\pi}$	$F_C = 2$
Gleichspannung, pulsierend (2) 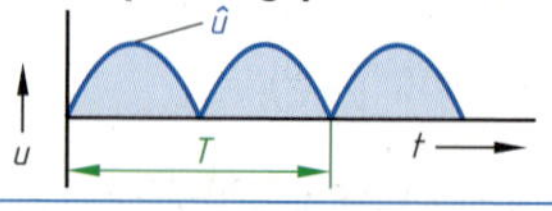	U Effektivwert $\hat{u}$ Scheitelwert $\bar{u}$ arithmetischer Mittelwert F_C Crestfaktor	$U = \frac{\hat{u}}{\sqrt{2}}$	$\bar{u} = \frac{2 \cdot \hat{u}}{\pi}$	$F_C = \sqrt{2}$

* Nichtsinusförmige Spannungen bei Wechselstromstellern (Phasenanschnittsteuerungen): Seite 53

9.8 Hoch- und Tiefpässe

RC-Hochpass

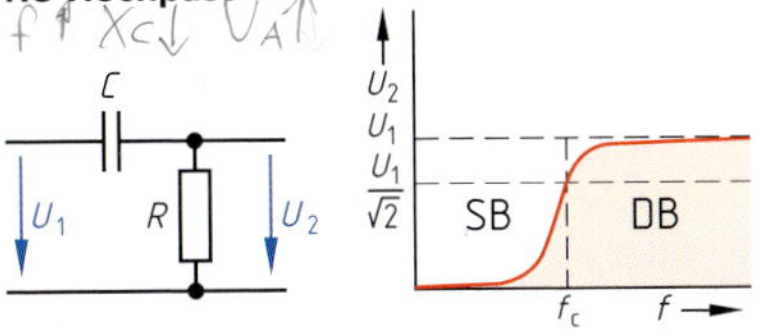

- U_1 Eingangsspannung
- U_2 Ausgangsspannung
- R Widerstand
- C Kapazität
- f_C Grenzfrequenz
- ω Kreisfrequenz
- SB Sperrbereich
- DB Durchlassbereich

$$\frac{U_2}{U_1} = \frac{R}{\sqrt{R^2 + \left(\frac{1}{\omega \cdot C}\right)^2}}$$

$$f_c = \frac{1}{2\pi \cdot R \cdot C}$$

RL-Hochpass

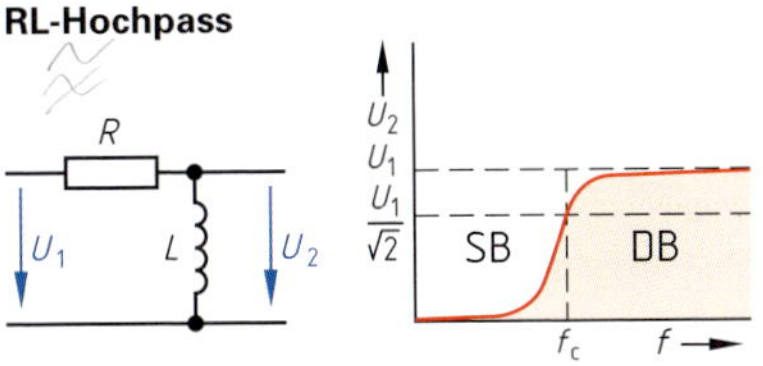

- U_1 Eingangsspannung
- U_2 Ausgangsspannung
- R Widerstand
- L Induktivität
- f_C Grenzfrequenz
- ω Kreisfrequenz
- SB Sperrbereich
- DB Durchlassbereich

$$\frac{U_2}{U_1} = \frac{1}{\sqrt{\left(\frac{R}{\omega \cdot L}\right)^2 + 1}}$$

$$f_c = \frac{R}{2\pi \cdot L}$$

CL-Hochpass

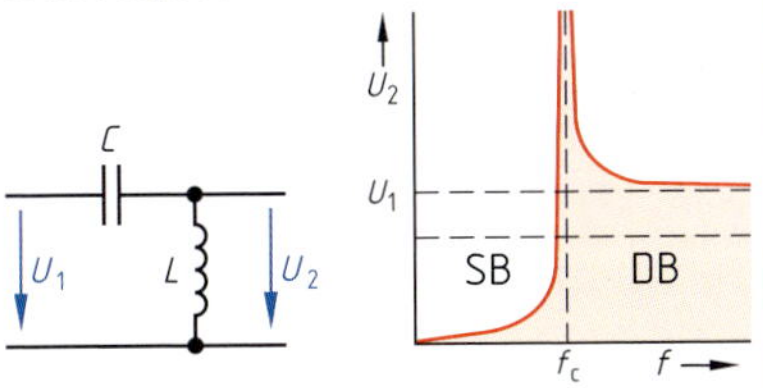

- U_1 Eingangsspannung
- U_2 Ausgangsspannung
- C Kapazität
- L Induktivität
- f_C Grenzfrequenz
- ω Kreisfrequenz
- SB Sperrbereich
- DB Durchlassbereich

$$f_c = \frac{1}{2\pi \cdot \sqrt{L \cdot C}}$$

Für $X_L > X_C$:

$$\frac{U_2}{U_1} = \frac{1}{1 - \frac{1}{\omega^2 \cdot L \cdot C}}$$

Für $X_L < X_C$:

$$\frac{U_2}{U_1} = \frac{1}{\frac{1}{\omega^2 \cdot L \cdot C} - 1}$$

RC-Tiefpass

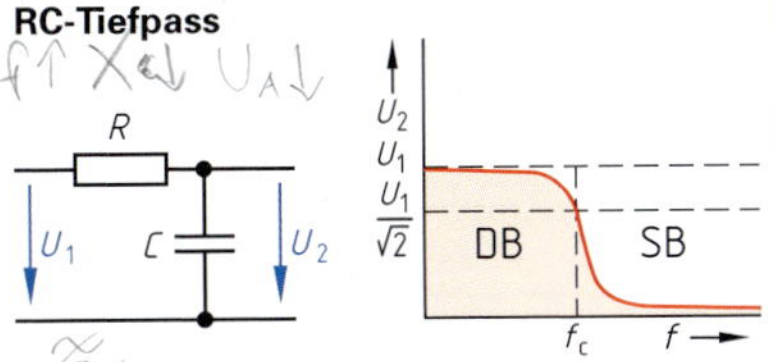

- U_1 Eingangsspannung
- U_2 Ausgangsspannung
- R Widerstand
- C Kapazität
- f_C Grenzfrequenz
- ω Kreisfrequenz
- SB Sperrbereich
- DB Durchlassbereich

$$\frac{U_2}{U_1} = \frac{1}{\sqrt{1 + (\omega \cdot R \cdot C)^2}}$$

$$f_c = \frac{1}{2\pi \cdot R \cdot C}$$

RL-Tiefpass

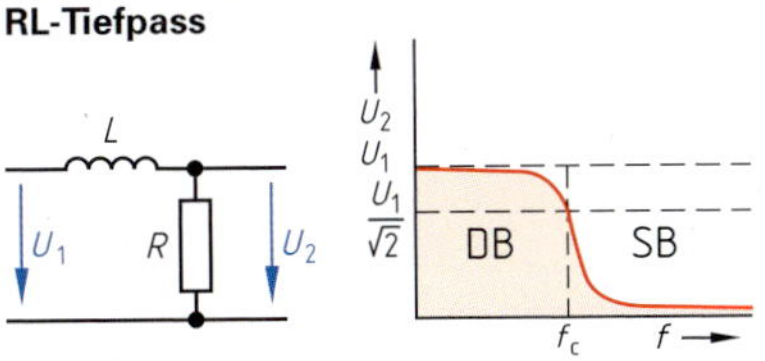

- U_1 Eingangsspannung
- U_2 Ausgangsspannung
- R Widerstand
- L Induktivität
- f_C Grenzfrequenz
- ω Kreisfrequenz
- SB Sperrbereich
- DB Durchlassbereich

$$\frac{U_2}{U_1} = \frac{1}{\sqrt{1 + \left(\frac{\omega \cdot L}{R}\right)^2}}$$

$$f_c = \frac{R}{2\pi \cdot L}$$

LC-Tiefpass

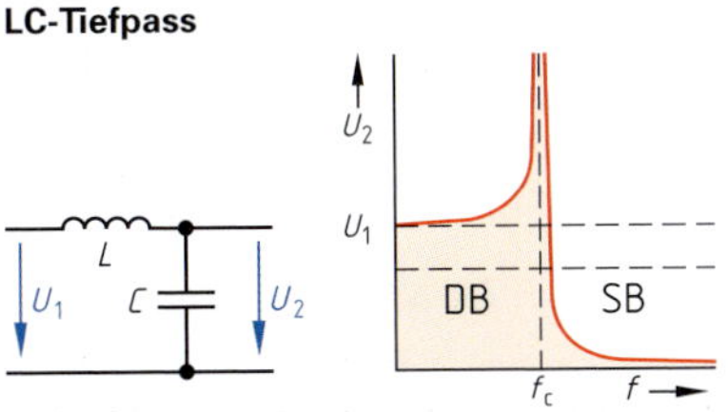

- U_1 Eingangsspannung
- U_2 Ausgangsspannung
- C Kapazität
- L Induktivität
- f_C Grenzfrequenz
- ω Kreisfrequenz
- SB Sperrbereich
- DB Durchlassbereich

$$f_c = \frac{1}{2\pi \cdot \sqrt{L \cdot C}}$$

Für $X_L > X_C$:

$$\frac{U_2}{U_1} = \frac{1}{\omega^2 \cdot L \cdot C - 1}$$

Für $X_L < X_C$:

$$\frac{U_2}{U_1} = \frac{1}{1 - \omega^2 \cdot L \cdot C}$$

9.9 Dreiphasenwechselstrom (Drehstrom)

Sternschaltung

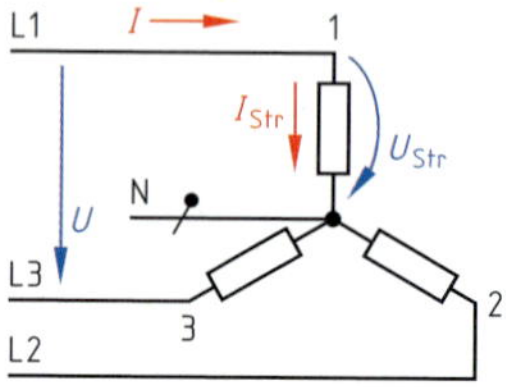

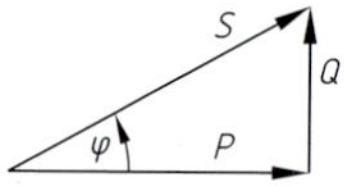

- U Leiterspannung
- U_{Str} Strangspannung
- I Leiterstrom
- I_{Str} Strangstrom
- S_{Str} Strangscheinleistung $S_{Str} = U_{Str} \cdot I_{Str}$
- S gesamte Scheinleistung $[S] = V \cdot A = VA$
- Σ Sigma (Zeichen für Summe)
- P gesamte Wirkleistung $[P] = V \cdot A = W$
- Q gesamte Blindleistung $[Q] = V \cdot A = var$
- φ Phasenverschiebungswinkel
- $\cos\varphi$ Wirkfaktor
- $\sin\varphi$ Blindfaktor

$I = I_{Str}$ $\quad$ $U = \sqrt{3} \cdot U_{Str}$

Für unsymmetrische Belastung:

$$S = \sqrt{(\Sigma P)^2 + (\Sigma Q)^2}$$

Für symmetrische Belastung:

$$S = 3 \cdot S_{Str}; \quad S_{Str} = \frac{U}{\sqrt{3}} \cdot I$$

$$S = \sqrt{3} \cdot U \cdot I; \quad S = \sqrt{P^2 + Q^2}$$

$$P = S \cdot \cos\varphi \quad Q = S \cdot \sin\varphi$$

$S_\Delta = S_\lambda \cdot 3$

Dreieckschaltung

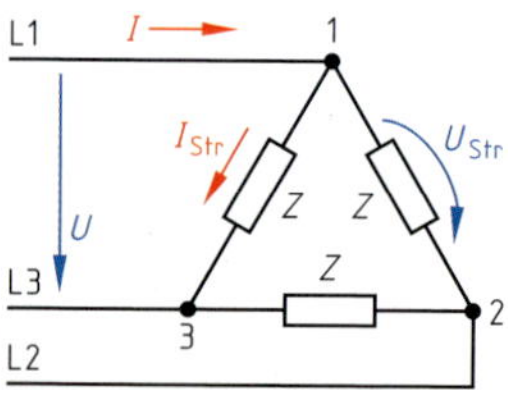

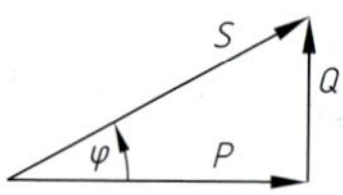

- U Leiterspannung
- U_{Str} Strangspannung
- I Leiterstrom
- I_{Str} Strangstrom
- S_{Str} Strangscheinleistung $S_{Str} = U_{Str} \cdot I_{Str}$
- S gesamte Scheinleistung $[S] = V \cdot A = VA$
- Σ Sigma (Zeichen für Summe)
- P gesamte Wirkleistung $[P] = V \cdot A = W$
- Q gesamte Blindleistung $[Q] = V \cdot A = var$
- φ Phasenverschiebungswinkel
- $\cos\varphi$ Wirkfaktor
- $\sin\varphi$ Blindfaktor

$U = U_{Str}$ $\quad$ $I = \sqrt{3} \cdot I_{Str}$

Für unsymmetrische Belastung:

$$S = \sqrt{(\Sigma P)^2 + (\Sigma Q)^2}$$

Für symmetrische Belastung:

$$S = 3 \cdot S_{Str}; \quad S_{Str} = U \cdot \frac{I}{\sqrt{3}}$$

$$S = \sqrt{3} \cdot U \cdot I; \quad S = \sqrt{P^2 + Q^2}$$

$$P = S \cdot \cos\varphi \quad Q = S \cdot \sin\varphi$$

Leistungsaufnahme von Verbrauchern in Stern- bzw. Dreieckschaltung an gleicher Netzspannung

- S_Y gesamte Scheinleistung bei Sternschaltung
- S_Δ gesamte Scheinleistung bei Dreieckschaltung

$$\frac{S_Y}{S_\Delta} = \frac{1}{3}$$

Strom im Neutralleiter (Sternschaltung) bei unsymmetrischer, gleichartiger Belastung

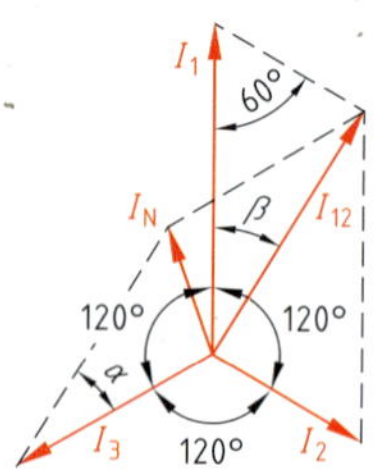

- I_1, I_2, I_3 Leiterströme
- I_{12} resultierender Strom aus I_1 und I_2
- I_N Strom im Neutralleiter
- β Phasenverschiebungswinkel zwischen I_1 und I_{12}
- α Phasenverschiebungswinkel zwischen I_{12} und I_3

$$I_{12} = \sqrt{I_1^2 + I_2^2 - I_1 \cdot I_2}$$

$$\cos\beta = \frac{2I_1 - I_2}{2 \cdot I_{12}}$$

$$\alpha = 60° - \beta$$

$$I_N = \sqrt{I_1^2 + I_2^2 + I_3^2 - I_1 \cdot I_2 - 2 \cdot I_3 \cdot I_{12} \cdot \cos\alpha}$$

Leiterströme bei Dreieckschaltung und unsymmetrischer, gleichartiger Belastung

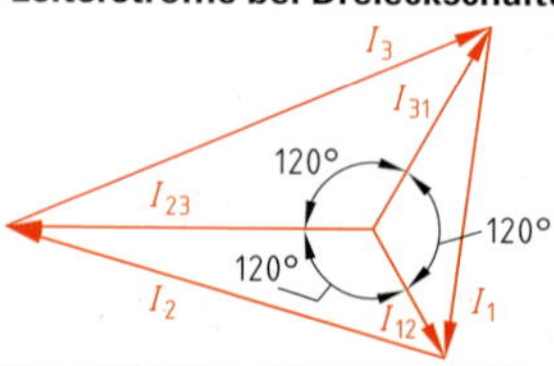

- I_1, I_2, I_3 Leiterströme
- I_{12}, I_{23}, I_{31} Strangströme

$$I_1 = \sqrt{I_{12}^2 + I_{31}^2 + I_{12} \cdot I_{31}}$$

$$I_2 = \sqrt{I_{23}^2 + I_{12}^2 + I_{23} \cdot I_{12}}$$

$$I_3 = \sqrt{I_{31}^2 + I_{23}^2 + I_{31} \cdot I_{23}}$$

10 Elektrische Maschinen

10.1 Transformator

Übersetzungsverhältnis

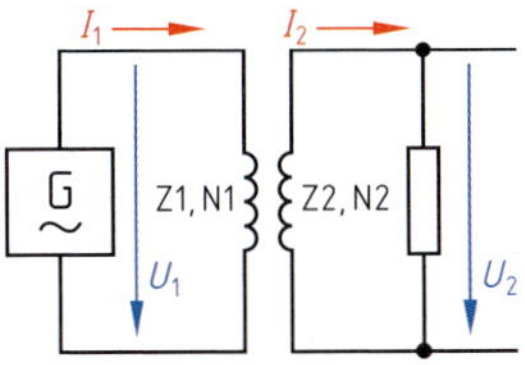

- U_1 Eingangsspannung
- U_2 Ausgangsspannung
- N_1 Windungszahl der Eingangswicklung
- N_2 Windungszahl der Ausgangswicklung
- I_1 Eingangsstrom
- I_2 Ausgangsstrom
- Z_1 Scheinwiderstand an der Eingangswicklung
- Z_2 Scheinwiderstand an der Ausgangswicklung
- $ü$ Übersetzungsverhältnis

$$\frac{U_1}{U_2} \approx \frac{N_1}{N_2}$$

$$\frac{I_1}{I_2} \approx \frac{N_2}{N_1}$$

$$ü \approx \frac{U_1}{U_2}$$

$$\frac{N_1}{N_2} \approx \sqrt{\frac{Z_1}{Z_2}}$$

Transformator-Hauptgleichung

- U_0 Leerlaufspannung
- $\hat{B}$ magnetische Flussdichte (Scheitelwert)
- A_{Fe} Eisenquerschnitt
- A_k Kernquerschnitt
- N Windungszahl
- f Frequenz
- f_{Fe} Eisenfüllfaktor

$$\frac{2\pi}{\sqrt{2}} = 4{,}44$$

$$U_0 = 4{,}44 \cdot \hat{B} \cdot A_{Fe} \cdot f \cdot N$$

$$A_{Fe} = A_k \cdot f_{Fe}$$

Kurzschluss-Spannung, Dauerkurzschluss-Strom und Stoßkurzschluss-Strom

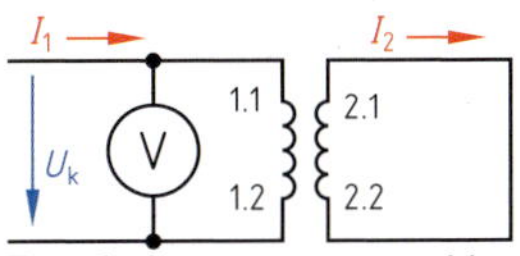

Transformator ausgangsseitig im Kurzschluss

- u_k bezogene Kurzschluss-Spannung in %
- U_k absolute Kurzschluss-Spannung
- U_n Transformator-Bemessungspg.
- I_n Bemessungsstrom am Ausgang
- I_{kd} Dauerkurzschluss-Strom (ausgangsseitig)
- i_s Stoßkurzschluss-Strom

$$u_k = \frac{U_k}{U_n} \cdot 100\ \%$$

$$I_{kd} = \frac{I_n}{u_k} \cdot 100\ \%$$

$$i_s \leq 2{,}55 \cdot I_{kd}$$

Bemessungsscheinleistung

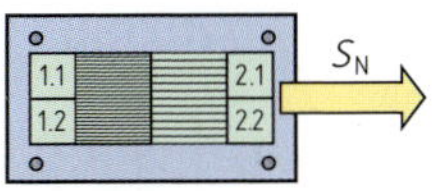

- S_N Bemessungsscheinleistung
- U_{2n} Bemessungsspannung der Ausgangsseite
- I_{2n} Bemessungsstrom der Ausgangsseite

Bei Einphasenwechselstrom:

$$S_N = U_{2n} \cdot I_{2n}$$

Bei Drehstrom:

$$S_N = \sqrt{3} \cdot U_{2n} \cdot I_{2n}$$

Spartransformator

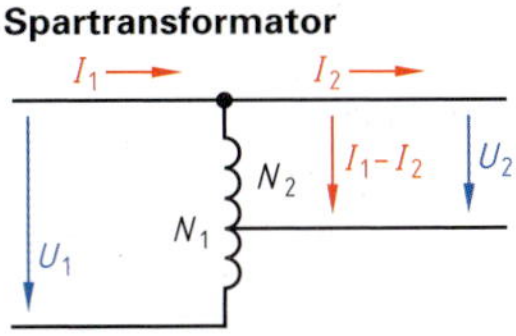

- S_B Bauleistung
- S_D Durchgangsleistung
- U_1 Eingangsspannung
- U_2 Ausgangsspannung
- I_2 Ausgangsstrom
- N_1, N_2 Windungszahlen

$$U_1 > U_2: \quad S_B = S_D \cdot \frac{U_1 - U_2}{U_1}$$

$$U_2 > U_1: \quad S_B = S_D \cdot \frac{U_2 - U_1}{U_2}$$

$$S_D = U_2 \cdot I_2 \qquad \frac{U_1}{U_2} \approx \frac{N_1}{N_2}$$

Lastverteilung bei Parallelbetrieb von Transformatoren

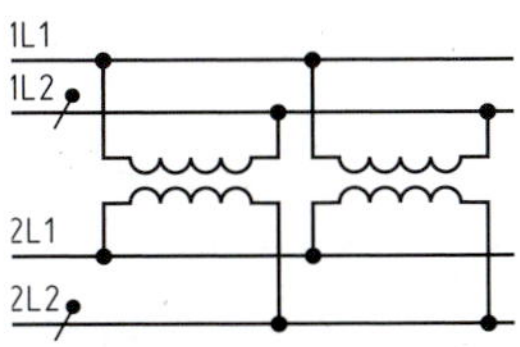

- $S_1, S_2, \ldots$ Einzelbelastungen
- $S_{N1}, S_{N2}, \ldots$ Bemessungsleistungen
- ΣS_N Summe der Bemessungsleistungen
- ΣS Gesamtlast
- u_k resultierende Kurzschluss-Spannung
- $u_{k1}, u_{k2}, \ldots$ Kurzschluss-Spannungen

$$u_k = \frac{\Sigma S_N}{\frac{S_{N1}}{u_{k1}} + \frac{S_{N2}}{u_{k2}} + \ldots}$$

$$S_1 = S_{N1} \cdot \frac{u_k}{u_{k1}} \cdot \frac{\Sigma S}{\Sigma S_N}$$

entsprechend für $S_2 = \ldots;\ S_3 = \ldots$

Wirkungsgrad

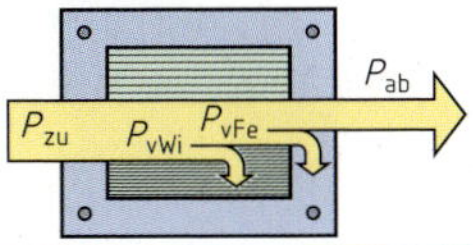

- η Wirkungsgrad
- P_{ab} abgegebene Leistung
- P_{zu} zugeführte Leistung
- P_{vFE} Eisenverlustleistung
- P_{vWi} Wicklungsverlustleistung
- S_2 abgegebene Scheinleistung
- $\cos \varphi_2$ Wirkfaktor der Ausgangsseite

$$\eta = \frac{P_{ab}}{P_{zu}} = \frac{P_{ab}}{P_{ab} + P_{vFE} + P_{vWi}}$$

$$\eta = \frac{S_2 \cdot \cos \varphi_2}{S_2 \cdot \cos \varphi_2 + P_{vFE} + P_{vWi}}$$

Übersetzungsverhältnisse für Drehstromtransformatoren

Bevorzugt eingesetzte Verteilertransformatoren im Niederspannungsnetz:

Dy 5

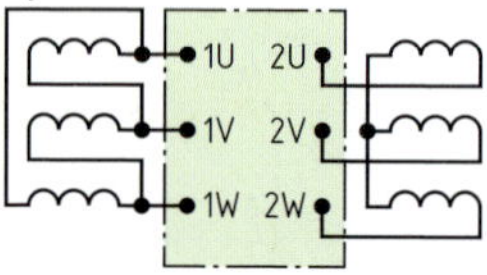

Yz 5

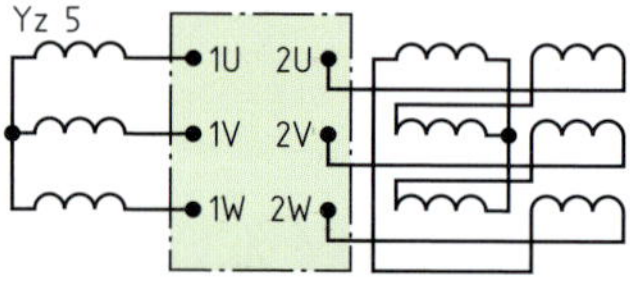

U_1	eingangsseitige Leiterspannung
U_2	ausgangsseitige Leiterspannung
N_1	Windungszahl einer Eingangswicklung
N_2	Windungszahl einer Ausgangswicklung

Schaltgruppe	Übersetzungsverhältnis
Yy 0, Yy 6, Dd 0, Dd 6	$\frac{U_1}{U_2} = \frac{N_1}{N_2}$
Dy5, Dy 11	$\frac{U_1}{U_2} = \frac{N_1}{\sqrt{3} \cdot N_2}$
Yd 5, Yd 11	$\frac{U_1}{U_2} = \frac{\sqrt{3} \cdot N_1}{N_2}$
Yz 5, Yz 11	$\frac{U_1}{U_2} = \frac{2 \cdot N_1}{\sqrt{3} \cdot N_2}$
Dz 0, Dz 6	$\frac{U_1}{U_2} = \frac{2 \cdot N_1}{3 \cdot N_2}$

10.2 Antriebstechnik

10.2.1 Bewegungen

Gleichförmig

v	Geschwindigkeit
s	Weg, Weglänge
t	Zeit, Dauer

$[v] = \frac{m}{s}$

$v = \frac{s}{t}$

Gleichmäßig beschleunigt

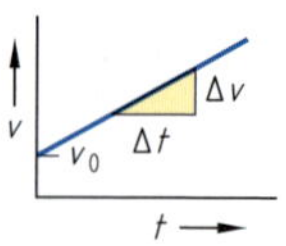

$v(t)$ - Graph

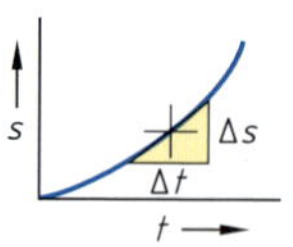

$s(t)$ - Graph

a	Beschleunigung
Δv	Geschwindigkeitsänderung
Δt	Zeitdifferenz
$\Delta v/\Delta t$	Steigung der $v(t)$-Kurve
v	erreichte Geschwindigkeit
Δs	Wegdifferenz
$\Delta s/\Delta t$	Steigung der $s(t)$-Kurve
v_0	Anfangsgeschwindigkeit
t	Zeit, Dauer
s	Weg, Weglänge
g	Fallbeschleunigung ($g = 9{,}81\ m/s^2$)
h	Fallhöhe

$a = \frac{\Delta v}{\Delta t}$ $\quad v = v_0 + a \cdot t$

$v = \frac{\Delta s}{\Delta t}$ $\quad s = v_0 \cdot t + \frac{1}{2} a \cdot t^2$

Freier Fall:

$v = g \cdot t$ $\quad h = \frac{1}{2} g \cdot t^2$

$[g] = [a] = \frac{m}{s^2}$

Gleichmäßig verzögert

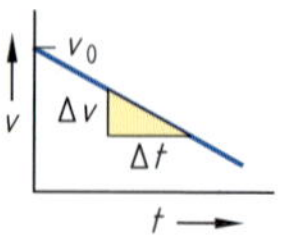

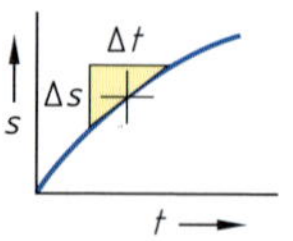

v	Geschwindigkeit nach der Verzögerung
v_0	Anfangsgeschwindigkeit
a	Verzögerung
s_b	Bremsweg

$a = \frac{\Delta v}{\Delta t}$ $\quad v = v_0 - a \cdot t$

$v = \frac{\Delta s}{\Delta t}$ $\quad s = v_0 \cdot t - \frac{1}{2} a \cdot t^2$

Bremsweg: $s_b = \frac{v_0^2}{2a}$

Kreisförmig

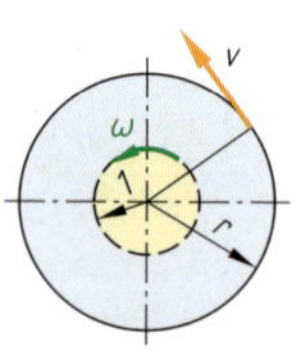

n	Drehzahl, Umdrehungsfrequenz
ω	Winkelgeschwindigkeit, Drehgeschwindigkeit
r	Bahnradius
d	Bahndurchmesser
v	Umfangsgeschwindigkeit
T	Umlaufdauer

$\omega = 2\pi \cdot n$

$n = \frac{1}{T}$

$v = 2\pi \cdot n \cdot r$

$v = \pi \cdot n \cdot d$

$v = \omega \cdot r$

$[n] = s^{-1}$ $\quad [\omega] = rad \cdot s^{-1} = s^{-1}$

10 Elektrische Maschinen

10.2.2 Mechanische Arbeit, mechanische Energie

Arbeitsbegriff, Einheit

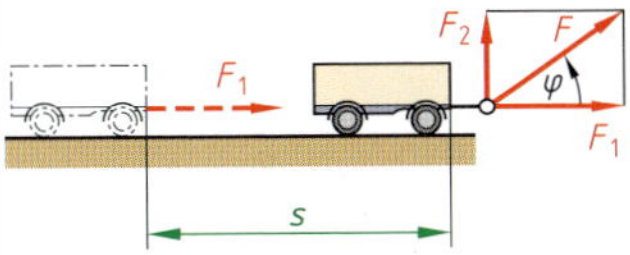

W	Arbeit
F_1	Kraft in Wegrichtung
s	Weg
F	Kraft
φ	Winkel zwischen Kraft und Weg

$[W] = \text{Nm}$

$1\ \text{Nm} = 1\ \text{Ws} = 1\ \text{J}$

$$W = F_1 \cdot s$$

$$W = F \cdot s \cdot \cos\varphi$$

Hochheben (ohne Reibung und Beschleunigung)

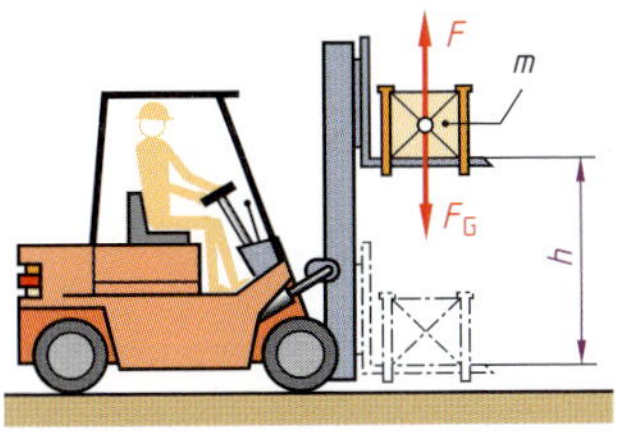

F	Hubkraft
F_G	Gewichtskraft
m	gehobene Masse
g	Fallbeschleunigung ($g = 9{,}81\ \text{m/s}^2$)
h	Hubhöhe
W_h	Hubarbeit
W_p	potentielle Energie, Energie der Lage

$F = F_G$

$W_p = W_h$

$[W] = \dfrac{\text{kg} \cdot \text{m}^2}{\text{s}^2} = \text{Nm} = \text{J}$

$$F_G = m \cdot g$$

$$W_h = F_G \cdot h$$

$$W_p = m \cdot g \cdot h$$

Beschleunigung (ohne Reibung und Höhenunterschied)

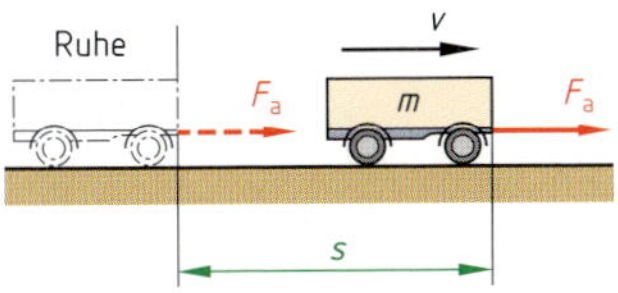

F_a	beschleunigende Kraft
m	beschleunigte Masse
s	Weg
a	Beschleunigung
v	erreichte Geschwindigkeit
W_a	Beschleunigungsarbeit
W_k	kinetische Energie, Bewegungsenergie

$W_k = W_a$

$$F_a = m \cdot a$$

$$W_a = F_a \cdot s$$

$$W_a = m \cdot a \cdot s$$

$$W_k = \frac{1}{2} \cdot m \cdot v^2$$

Verformen (ohne Reibung)

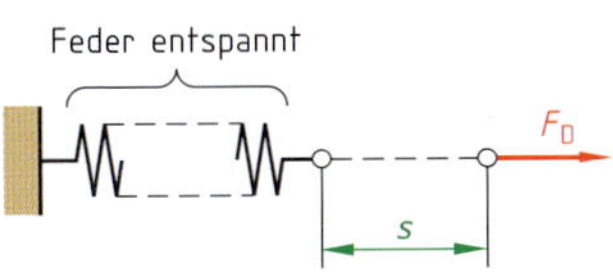

F_D	verformende Kraft
s	Verlängerung, Verkürzung
D	Richtgröße der Feder
W_D	Verformungsarbeit
W_p	potentielle Energie, Verformungsenergie

$[D] = \dfrac{\text{N}}{\text{m}}$

$W_p = W_D$

$$F_D = D \cdot s$$

$$W_D = \frac{1}{2} F_D \cdot s$$

$$W_p = \frac{1}{2} D \cdot s^2$$

Reibung (ohne Beschleunigung Höhenunterschied)

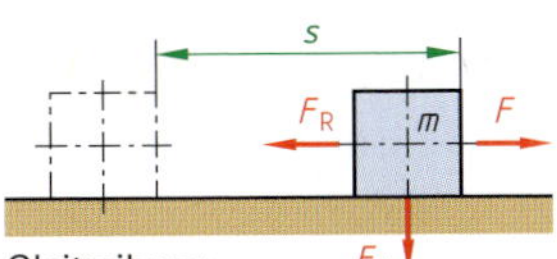

Gleitreibung

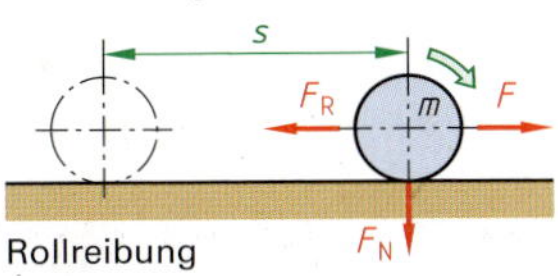

Rollreibung

F	Antriebskraft
F_R	Reibungskraft
F_N	Normalkraft
μ	Reibungszahl
s	Weg
W_R	Reibungsarbeit
F_G	Gewichtskraft
m	Masse
g	Fallbeschleunigung ($g = 9{,}81\ \text{m/s}^2$)

$F = F_R$

$F_N = F_G$

$$W_R = F_R \cdot s$$

$$W_R = \mu \cdot F_N \cdot s$$

$$W_R = \mu \cdot m \cdot g \cdot s$$

10.2.3 Riementrieb, Zahnradtrieb, Schneckentrieb

Riementrieb

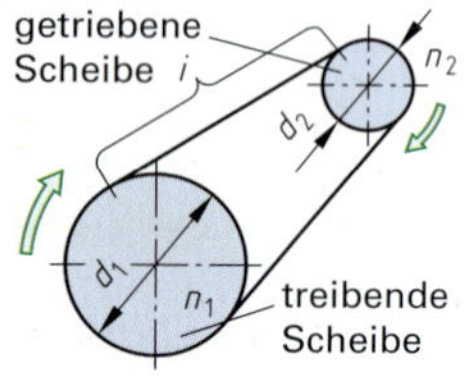

Einfache Übersetzung

d_1	Durchmesser der treibenden Scheibe
d_2	Durchmesser der getriebenen Scheibe
n_1	Drehzahl der treibenden Scheibe
n_2	Drehzahl der getriebenen Scheibe
i	Übersetzungsverhältnis

$$n_1 \cdot d_1 = n_2 \cdot d_2$$

$$i = \frac{d_2}{d_1}$$

$$i = \frac{n_1}{n_2}$$

Zahnradtrieb

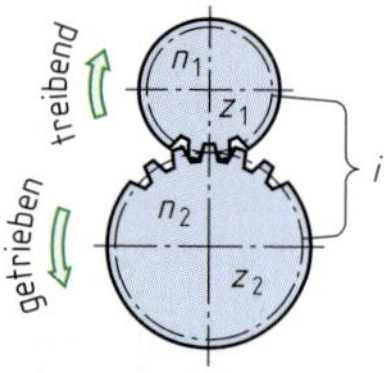

Einfache Übersetzung

z_1	Zähnezahl des treibenden Rades
z_2	Zähnezahl des getriebenen Rades
n_1	Drehzahl des treibenden Rades
n_2	Drehzahl des getriebenen Rades
i	Übersetzungsverhältnis

$$n_1 \cdot z_1 = n_2 \cdot z_2$$

$$i = \frac{z_2}{z_1}$$

$$i = \frac{n_1}{n_2}$$

10.2.4 Rollen und Flaschenzug

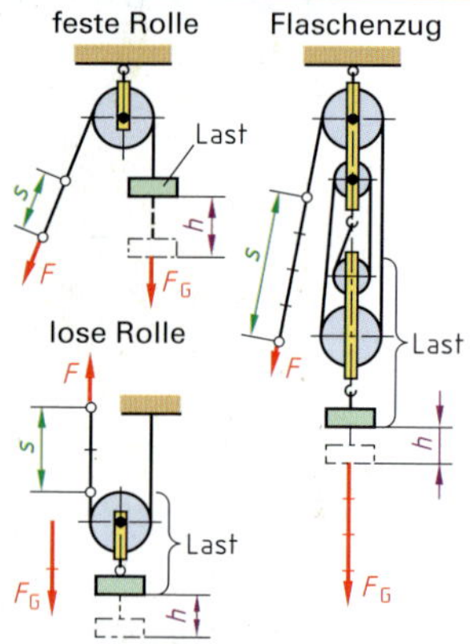

F	Kraft im Zugseil
s	Kraftweg
F_G	Gewichtskraft der Last
h	Hubhöhe
n	Gesamtzahl der Rollen beim Flaschenzug

Feste Rolle:

$$s = h$$

$$F = F_G$$

Lose Rolle:

$$s = 2 \cdot h$$

$$F = \frac{F_G}{2}$$

Flaschenzug:

$$s = n \cdot h$$

$$F = \frac{F_G}{n}$$

10.2.5 Drehmomente

Begriff und Einheit

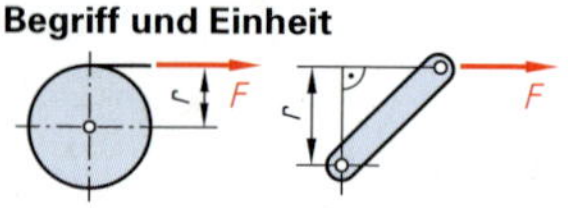

M	Moment, Drehmoment
F	Kraft
r	Hebelarm

$$M = F \cdot r$$

$[M] = \text{Nm}$

Gleichgewichtsbedingung (Hebelgesetz)

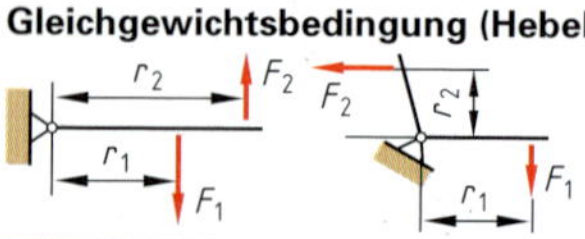

$F_1, F_2, \ldots$	Kräfte
$r_1, r_2, \ldots$	Hebelarme
ΣM	Summe der Momente

$$F_2 \cdot r_2 + \ldots = F_1 \cdot r_1 + \ldots$$

$$\Sigma M_{\text{links}} = \Sigma M_{\text{rechts}}$$

Lagerkräfte (Auflagerkräfte) bei einem Träger mit konstantem Querschnitt

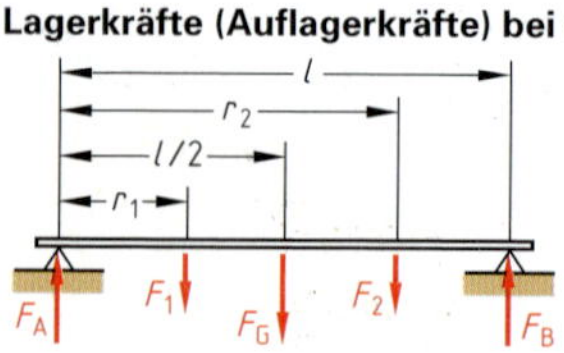

$F_1, F_2, \ldots$	Kräfte am Träger
$r_1, r_2, \ldots$	Hebelarme
F_G	Gewicht des Trägers
l	Abstand der Lager
F_A, F_B	Lagerkräfte

$$F_B \cdot l = F_1 \cdot r_1 + F_2 \cdot r_2 + \frac{1}{2}\, l \cdot F_G$$

$$F_A + F_B = F_1 + F_2 + F_G$$

10 Elektrische Maschinen

10.2.6 Mechanische Leistung

Leistung bei geradliniger Bewegung und bei Drehbewegung

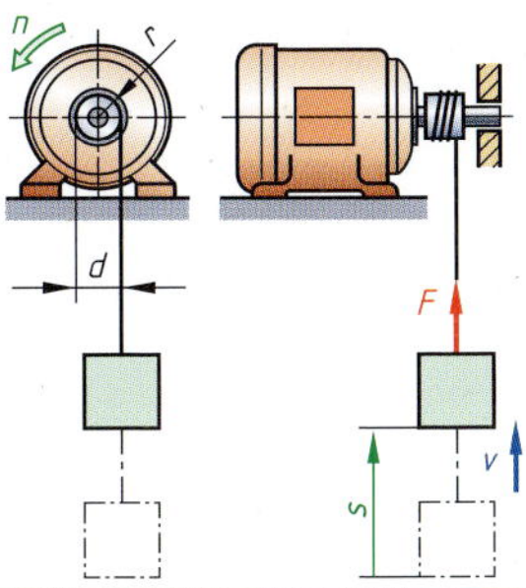

P Leistung W Arbeit t Arbeitszeit F Kraft s Kraftweg v Umfangsgeschwindigkeit n Umdrehungsfrequenz, Drehzahl r Radius M Drehmoment ω Winkelgeschwindigkeit, Drehgeschwindigkeit	$[P] = \frac{\text{Nm}}{\text{s}}$ $1\,\frac{\text{Nm}}{\text{s}} = 1\,\frac{\text{J}}{\text{s}} = 1\,\text{W}$ $v = 2\pi \cdot n \cdot r$ $M = F \cdot r$ $\omega = 2\pi \cdot n$ $[\omega] = \frac{\text{rad}}{\text{s}} = \frac{1}{\text{s}}$	$P = \frac{W}{t} = \frac{F \cdot s}{t}$ $P = F \cdot v$ $P = F \cdot 2\pi \cdot n \cdot r$ $P = M \cdot \omega$ $P = M \cdot 2\pi \cdot n$

In der Praxis häufig verwendet: P in kW, M in Nm, n in $\frac{1}{\text{min}}$ $\Rightarrow$ $P = \frac{M \cdot n}{9549}$

10.3 Umlaufende elektrische Maschinen

10.3.1 Wechselstrommotor und Drehstrommotor

Wechselstrommotor

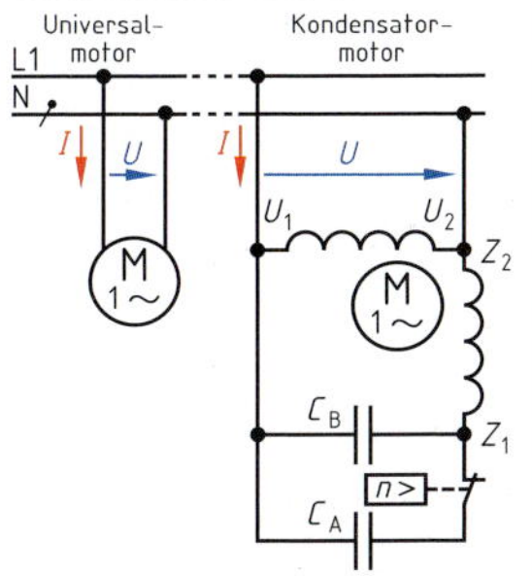

P_1 zugeführte Leistung P_2 abgegebene Leistung U Leiterspannung I Leiterstrom $\cos\varphi$ Wirkfaktor η Wirkungsgrad Q_{CB} Blindleistung des Betriebskondensators C_A Kapazität des Anlaufkondensators C_B Kapazität des Betriebskondensators ω Kreisfrequenz U_C Kondensatorbemessungsspannung	• Universalmotor • Kondensatormotor	$P_1 = U \cdot I \cdot \cos\varphi$ $P_2 = U \cdot I \cdot \cos\varphi \cdot \eta$ $\eta = \frac{P_2}{P_1}$
	Kondensatormotor	$Q_{CB} = 1{,}3\,\frac{\text{kvar}}{\text{kW}} \cdot P_2$ $C_B = \frac{Q_{CB}}{\omega \cdot U^2}$ $C_A = 3 \cdot C_B$ $U_C = 1{,}35 \cdot U$

Drehstrommotor

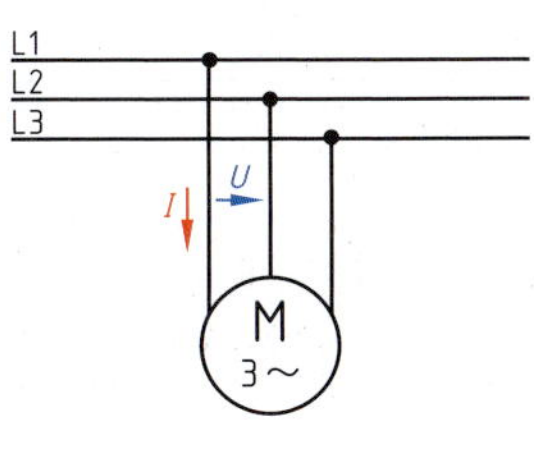

P_1 zugeführte Leistung P_2 abgegebene Leistung U Leiterspannung I Leiterstrom $\cos\varphi$ Wirkfaktor η Wirkungsgrad n Läuferdrehzahl n_s Drehfelddrehzahl s Schlupf (in %) f_L Frequenz der Läuferspannung f Netzfrequenz p Polpaarzahl	• Drehstromasynchronmotor • Drehstromsynchronmotor	$P_1 = \sqrt{3} \cdot U \cdot I \cdot \cos\varphi$ $P_2 = \sqrt{3} \cdot U \cdot I \cdot \cos\varphi \cdot \eta$ $\eta = \frac{P_2}{P_1}$
	Drehstromasynchronmotor	$s = \frac{n_s - n}{n_s} \cdot 100\,\%$ $f_L = \frac{f \cdot s}{100\,\%}$ $f_L = f \cdot \frac{n_s - n}{n_s}$
	Drehstromsynchronmotor	$n = n_s = \frac{f}{p}$

10.3.2 Schrittmotor

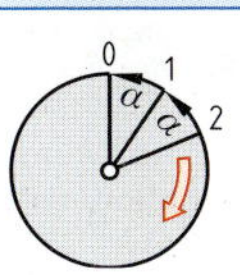

α Schrittwinkel p Polpaarzahl m Strangzahl (Phasenzahl) z_u Schrittzahl/Umdrehung n Drehzahl f_{sch} Schrittfrequenz	Vollschrittbetrieb	$z_u = 2 \cdot p \cdot m$ $\alpha = \frac{360°}{z_u}$ $n = \frac{f_{sch}}{z_u}$

10 Elektrische Maschinen

10.3.3 Gleichstrommaschinen

Fremderregte Gleichstrommaschine

Motor

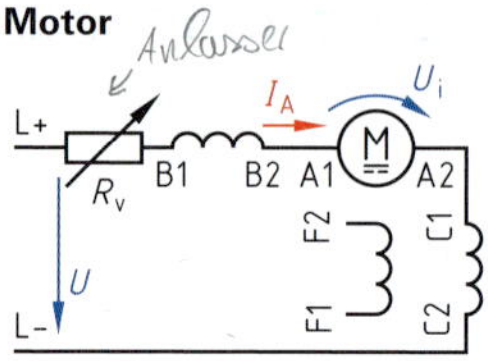

U	Netzspannung
U_i	induzierte Gegenspannung
U_B	Bürstenspannung
I_A	Ankerstrom
I_2	Einschaltstrom
R_A	Ankerwiderstand
R_v	Anlasswiderstand
R_k	Widerst. Kompensationswickl.
R_{wp}	Widerst. Wendepolwicklung

$$U = U_i + U_B + I_A \cdot (R_A + R_{wp} + R_k)$$

$$R_v = \frac{U - U_B}{I_2} - R_A - R_{wp} - R_k$$

Hat die Maschine keine Wendepol- bzw. keine Kompensationswicklung, ist $R_{wp} = 0\ \Omega$ bzw. $R_k = 0\ \Omega$.

Generator

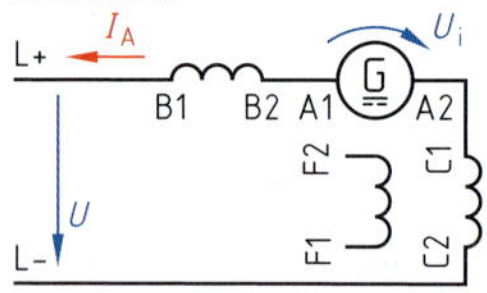

U	Klemmenspannung
U_i	induzierte Spannung
U_B	Bürstenspannung
I_A	Ankerstrom
R_A	Ankerwiderstand
R_k	Widerst. Kompensationswickl.
R_{wp}	Widerst. Wendepolwicklung

$$U = U_i - U_B - I_A \cdot (R_A + R_{wp} + R_k)$$

Hat die Maschine keine Wendepol- bzw. keine Kompensationswicklung, ist $R_{wp} = 0\ \Omega$ bzw. $R_k = 0\ \Omega$.

Gleichstrom-Nebenschlussmaschine

Motor

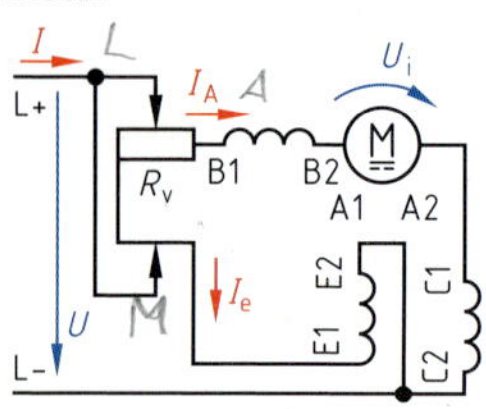

U	Netzspannung
U_i	induzierte Gegenspannung
U_B	Bürstenspannung
I	Netzstrom
I_A	Ankerstrom
I_e	Erregerstrom
I_2	Einschaltstrom
R_e	Erregerwiderstand
R_A	Ankerwiderstand
R_{wp}	Widerst. Wendepolwicklung
R_k	Widerst. Kompensationswickl.
R_v	Anlasswiderstand

$$I = I_A + I_e \qquad U = I_e \cdot R_e$$

$$U = U_i + U_B + I_A \cdot (R_A + R_{wp} + R_k)$$

$$R_v = \frac{U - U_B}{I_2 - I_e} - R_A - R_{wp} - R_k$$

Hat die Maschine keine Wendepol- bzw. keine Kompensationswicklung, ist $R_{wp} = 0\ \Omega$ bzw. $R_k = 0\ \Omega$.

Generator

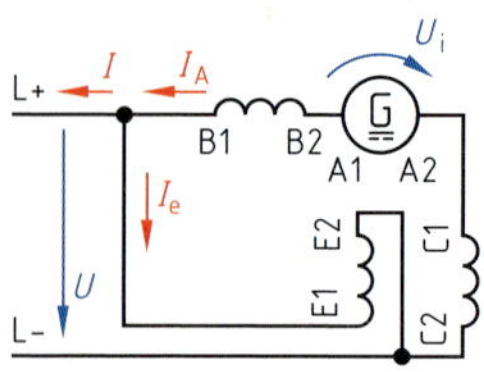

I_A	Ankerstrom
I_e	Erregerstrom
U	Klemmenspannung
U_i	induzierte Spannung
U_B	Bürstenspannung
R_e	Erregerwiderstand
R_A	Ankerwiderstand
R_{wp}	Widerst. Wendepolwicklung
R_k	Widerst. Kompensationswickl.

$$I = I_A - I_e$$

$$U = I_e \cdot R_e$$

$$U = U_i - U_B - I_A \cdot (R_A + R_{wp} + R_k)$$

Hat die Maschine keine Wendepol- bzw. keine Kompensationswicklung, ist $R_{wp} = 0\ \Omega$ bzw. $R_k = 0\ \Omega$.

Gleichstrom-Reihenschlussmaschine

Motor

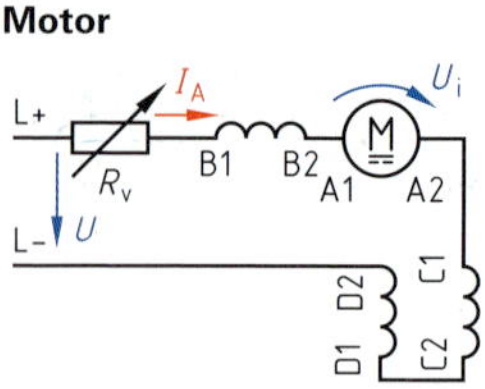

U	Netzspannung
U_B	Bürstenspannung
U_i	induzierte Gegenspannung
R_A	Ankerwiderstand
R_e	Erregerwiderstand
R_{wp}	Widerst. der Wendepolwickl.
R_k	Widerst. der Kompensationswicklung
R_v	Anlasswiderstand
I_A	Ankerstrom
I_2	Einschaltstrom

$$U = U_i + U_B + I_A \cdot (R_A + R_e + R_{wp} + R_k)$$

L = Anschluss positiven Netzpol

$$R_v = \frac{U - U_B}{I_2} - R_A - R_e - R_{wp} - R_k$$

R = Anschluss zum Anker (Rotor)

Hat die Maschine keine Wendepol- bzw. keine Kompensationswicklung, ist $R_{wp} = 0\ \Omega$ bzw. $R_k = 0\ \Omega$.

M = Anschluss zur Nebenschlusswicklung

Generator

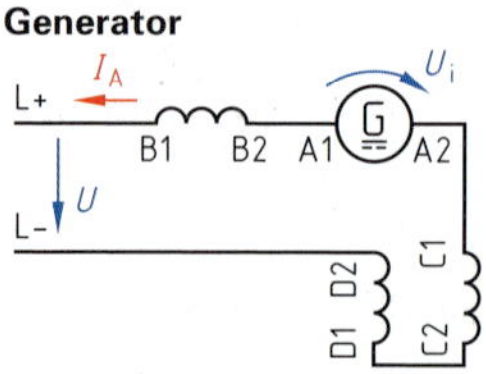

U	Klemmenspannung
U_i	induzierte Spannung
U_B	Bürstenspannung
I_A	Ankerstrom
R_e	Erregerwiderstand
R_A	Ankerwiderstand
R_{wp}	Widerst. Wendepolwicklung
R_k	Widerst. Kompensationswickl.

$$U = U_i - U_B - I_A \cdot (R_A + R_e + R_{wp} + R_k)$$

Hat die Maschine keine Wendepol- bzw. keine Kompensationswicklung, ist $R_{wp} = 0\ \Omega$ bzw. $R_k = 0\ \Omega$.

11 Elektrische Anlagen

11.1 Schutzmaßnahmen

11.1.1 Fehlerstromkreis

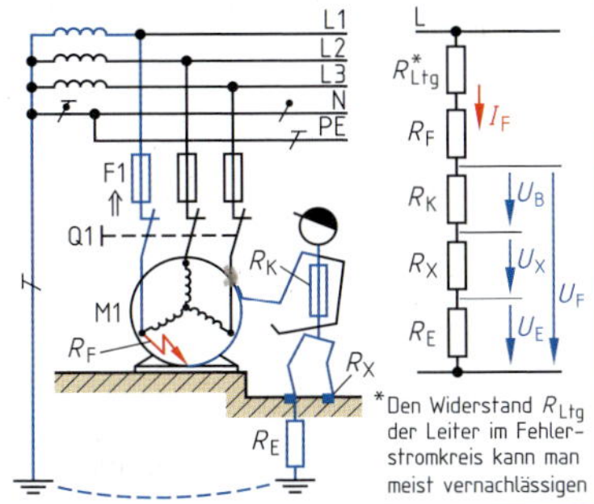

$$I_F = \frac{U_0}{R_{Ltg} + R_F + R_K + R_X + R_E}; \qquad U_B = R_K \cdot I_F$$

R_{Ltg}	Widerstand der Leiter im Fehlerstromkreis
R_F	Widerstand der Fehlerstelle
R_K	Widerstand des menschlichen Körpers
R_X	Isolationswiderstand des Fußbodens
R_E	Erdübergangswiderstand
I_F	Fehlerstrom
U_0	Netzspannung gegen Erde
U_B	Berührungsspannung

11.1.2 Schutzmaßnahmen im TN-System

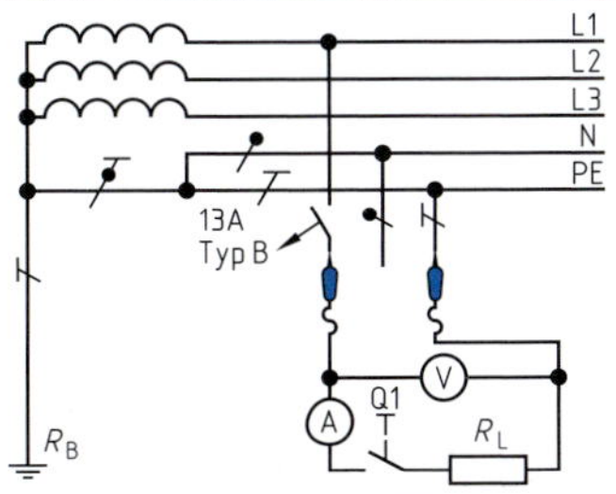

$$Z_s = \frac{U_0 - U}{I}$$

Z_s	Schleifenimpedanz (Schleifenwiderstand)
U_0	Nennwechselspannung ohne Belastung zwischen dem Außenleiter und dem PE- oder PEN-Leiter
I_K	Kurzschlussstrom
U	Spannung bei Belastung zwischen dem Außenleiter und dem PE- oder PEN-Leiter
I	Belastungsstrom
I_a	Abschaltstrom der Überstrom-Schutzeinrichtung

$$Z_s \leq \frac{U_0}{I_a}$$

$$I_a \leq \frac{U_0}{Z_s}$$

$$I_k = \frac{U_0}{Z_s}$$

Beim Messen der Schleifenimpedanz soll nach DIN VDE 0100, Teil 410 (Anhang C) Z_s nicht größer sein als: $Z_s \leq \frac{2}{3} \cdot \frac{U_0}{I_a}$

11.1.3 Schutzmaßnahmen im TT-System

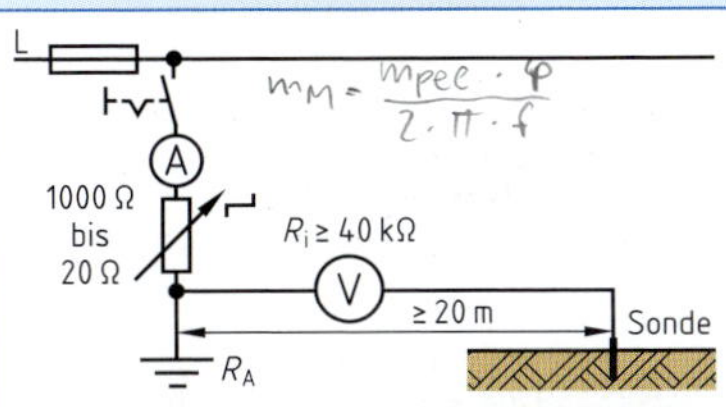

R_A	Erdungswiderstand
I_a	Abschaltstrom der Überstrom-Schutzeinrichtung
U_L	vereinbarte Grenze der zulässigen Berührungsspannung
U_E	Erderspannung bei der Prüfung
I_E	Erderstrom bei der Prüfung
$I_{\Delta n}$	Bemessungs-Differenzstrom der RCD

$$R_A \cdot I_a \leq U_L$$

$$R_A = \frac{U_E}{I_E}$$

$$R_A = \frac{U_E}{I_{\Delta n}}$$

11.1.4 Maximale Abschaltzeiten im TN-System und im TT-System (nach DIN VDE 0100, Teil 410)

Stromkreisart	Nennwechselspannung U_0	Maximale Abschaltzeit t_a im TN-System	Maximale Abschaltzeit t_a im TT-System
Endstromkreise mit Überstrom-Schutzeinrichtungen bis I_n = 32 A	über 50 V bis 120 V	0,8 s	0,3 s
	über 120 V bis 230 V	0,4 s	0,2 s
	über 230 V bis 400 V	0,2 s	0,07 s
	über 400 V	0,1 s	0,04 s
Verteilungsstromkreise und Endstromkreise mit I_n > 32 A		5 s	1 s

* Wird in TT-System die Abschaltung durch eine Überstrom-Schutzeinrichtung erreicht und sind alle fremden, leitfähigen Anlagenteile in den Schutzpotenzialausgleich über die Haupterdungsschiene einbezogen, darf die für TN-Systeme anwendbare Abschaltzeit verwendet werden (DIN VDE 0100, Teil 410)

Wendet man im TT-Systemen für den Fehlerschutz (Schutz bei indirektem Berühren) Überstrom-Schutzeinrichtungen an, ist zusätzlich zur Messung des Erdungswiderstandes R_A die Bedingung der Schleifenimpedanz Z_s zu erfüllen

$$Z_s \leq \frac{U_0}{I_a}$$

11.1.5 Schutzmaßnahmen im IT-System

Abschaltzeiten im IT-System

Nennwechselspannung in V	Maximale Abschaltzeiten im IT-System
über 50 bis 120	0,8 s
über 120 bis 230	0,4 s
über 230 bis 400	0,2 s
> 400	0,1 s

R_A Erdungswiderstand
I_d Fehlerstrom nach dem Auftreten des ersten Fehlers zwischen Außenleiter und Körper
U_L Grenzwert der dauernd zulässigen Berührungsspannung
U_0 Nennwechselspannung zwischen Außenleitern und Neutralleiter
U Nennwechselspannung zwischen Außenleitern
Z_S Impedanz der Fehlerschleife
I_a Abschaltstrom der Überstrom-Schutzeinrichtung

AC: $R_A \cdot I_d \leq 50\ \text{V}$

DC: $R_A \cdot I_d \leq 120\ \text{V}$

Dreileitersystem ohne N:

$$Z_S \leq \frac{U}{2 \cdot I_a}$$

Vierleitersystem mit N:

$$Z_S \leq \frac{U_0}{2 \cdot I_a}$$

11.1.6 Messen des Isolationswiderstandes

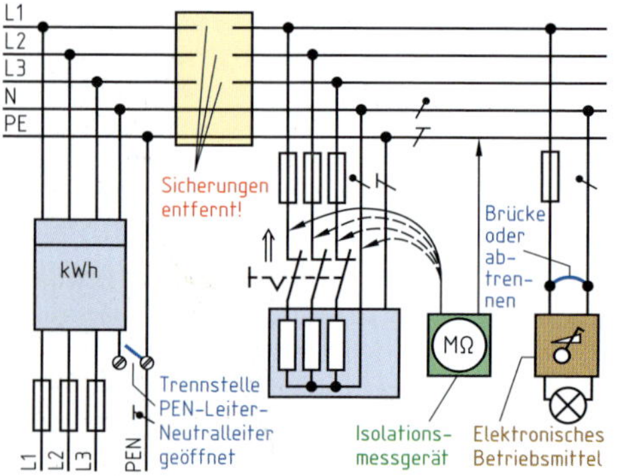

Mindestisolationswiderstände (nach DIN VDE 0100, Teil 410)

Stromkreise oder Betriebsmittel	Messspannung	Mindestisolationswidertand
Stromkreis oder Betriebsmittel für Kleinspannung SELV und PELV	DC 250 V	≥ 0,5 MΩ
Nennspannung ≤ 500 V außer SELV und PELV	DC 500 V	≥ 1 MΩ
Nennspannung > 500 V	DC 1000 V	≥ 1 MΩ

11.1.7 Messen der Isolationsimpedanz

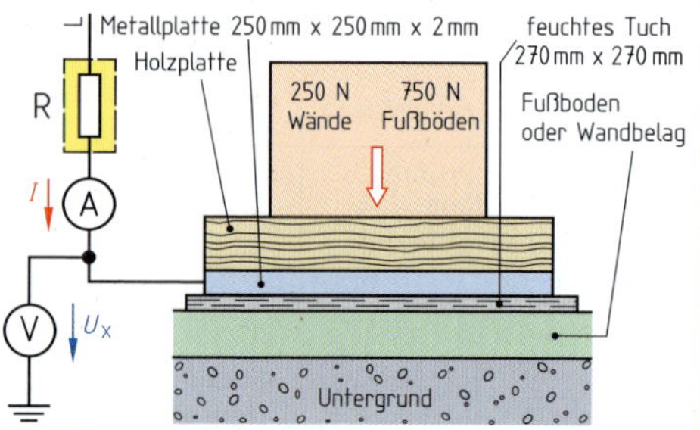

Z_x Isolationswiderstand (Isolationsimpedanz) des Fußbodens oder der Wand
I gemessener Strom über die Metallplatte (Prüfelektrode)
U_x gemessene Spannung zwischen Metallplatte (Prüfelektrode) und Schutzleiter PE

$$Z_x = \frac{U_x}{I}$$

11.1.8 Fehlerstrom-Schutzeinrichtung (RCD*)

Zulässige Erdungswiderstände R_A

$I_{\Delta n}$	Erdungswiderstand R_A bei $U_L = 50\ \text{V}$
0,01 A	5000 Ω
0,03 A	1667 Ω
0,3 A	167 Ω
0,5 A	100 Ω

U_L Grenzwert der dauernd zulässigen Berührungsspannung
R_A Erdungswiderstand
$I_{\Delta n}$ Bemessungs-Differenzstrom (Nennfehlerstrom) der Fehlerstrom-Schutzeinrichtung (RCD)

* RCD, Abk. für: Residual Current Protection Device (engl.) = Fehlerstrom-Schutzeinrichtung

$$R_A \cdot I_{\Delta n} \leq U_L$$

11.1.9 Auslösekennlinien von Überstrom-Schutzeinrichtungen

Niederspannungssicherungen (Ganzbereichssicherungen gG)

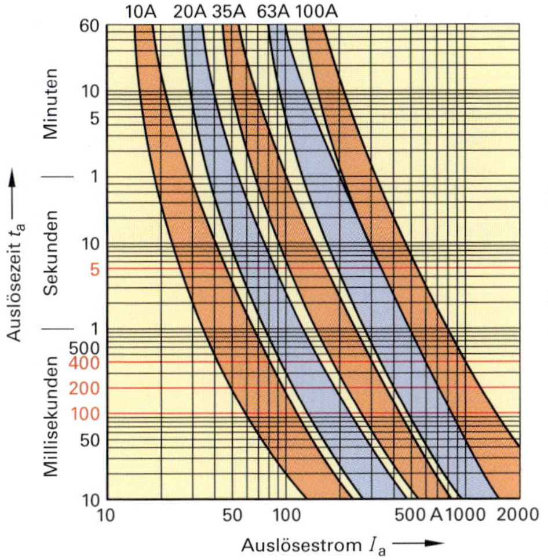

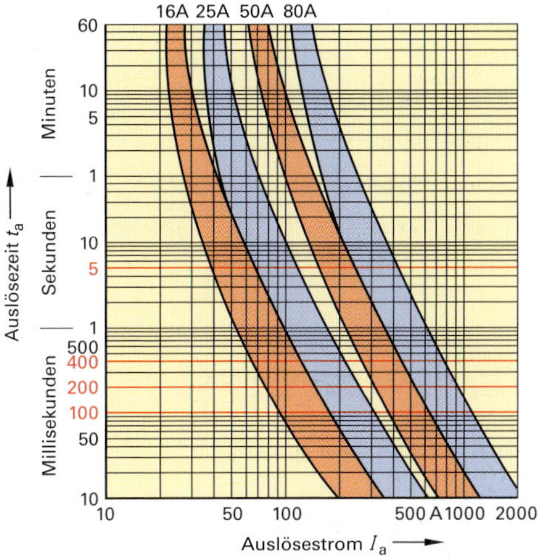

Leitungsschutzschalter (LS-Schalter)

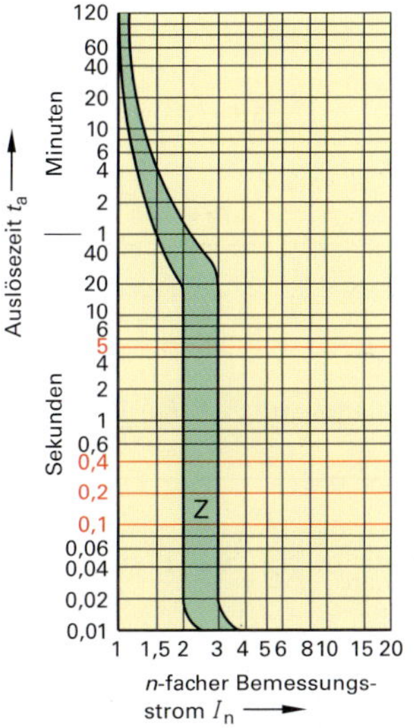

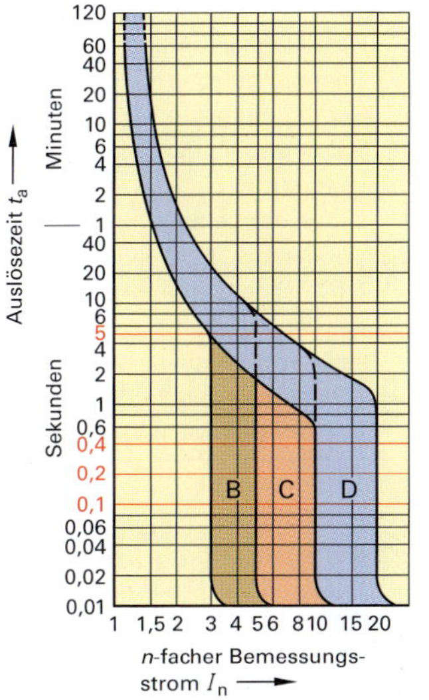

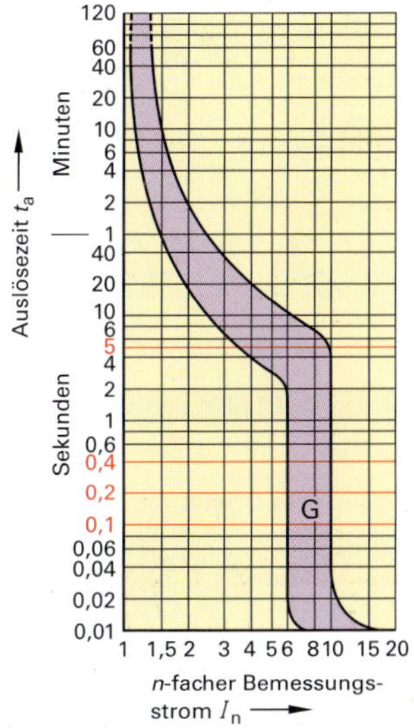

Abschaltströme; χ-Faktoren[1] von LS-Schaltern zur Berechnung des Abschaltstromes I_a (Auswahl)

Charakteristik	Z	B	C	D	G
χ-Faktoren	1,20	1,45	1,45	1,45	1,35
Abschaltstrom I_a	$3 \cdot I_n$	$5 \cdot I_n$	$10 \cdot I_n$	$20 \cdot I_n$	$10 \cdot I_n$

Anwendungsbeispiele für LS-Schalter:

- Z: Halbleiterschutz, Spannungswandler
- B: Hausinstallation
- C: Kleintransformatoren, Motoren, Beleuchtungsstromkreise
- D, G: Motorstromkreise oder Transformatoren mit hohem Einschaltstrom

[1] Griechischer Kleinbuchstabe chi

LS-Schalter Typ Z und G lösen im Überlastbereich früher aus (χ = 1,20 … 1,35) als LS-Schalter des Typs B, C und D (χ = 1,45).

11.2 Leitungsberechnungen

11.2.1 Unverzweigte Leitungen

Leitung für Gleichstrom

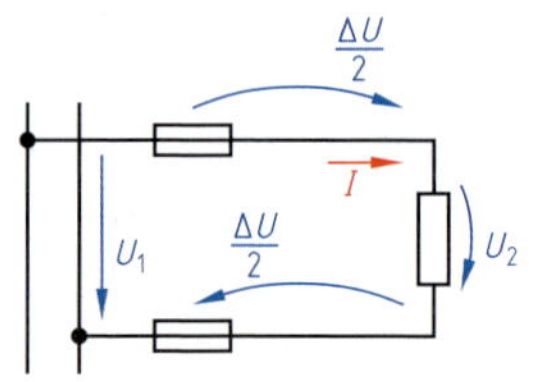

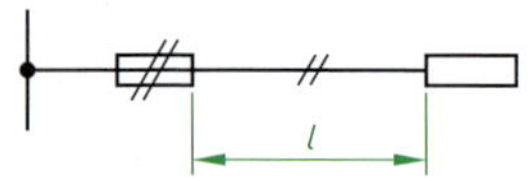

* Nach DIN 1304 auch S oder q.

U_1	Spannung am Leitungsanfang, Netzspannung	
U_2	Spannung am Leitungsende, Verbraucherspannung	
U	Netz-Nennspannung	
ΔU	Spannungsfall in V	$[\Delta U] = \text{V}$
Δu	Spannungsfall in %	
I	Leiterstrom	
l	Länge der Leitung	
γ	elektrische Leitfähigkeit	
A	Leiterquerschnitt*	
P	zu übertragende Leistung	
P_v	Leistungsverlust in W	$[P_v] = \text{W}$
$P_{v\,\%}$	Leistungsverlust in %	

$$\Delta U = U_1 - U_2$$
$$\Delta U = \frac{2 \cdot I \cdot l}{\gamma \cdot A}$$
$$\Delta U = \frac{2 \cdot P \cdot l}{\gamma \cdot A \cdot U}$$

$$\Delta u = \frac{\Delta U}{U} \cdot 100\ \%$$

$$P_v = \frac{2 \cdot I^2 \cdot l}{\gamma \cdot A}$$

$$P_{v\,\%} = \frac{2 \cdot I \cdot l \cdot 100\ \%}{\gamma \cdot A \cdot U}$$

$$P_{v\,\%} = \frac{P_v \cdot 100\%}{P}$$

Leitung für Wechselstrom

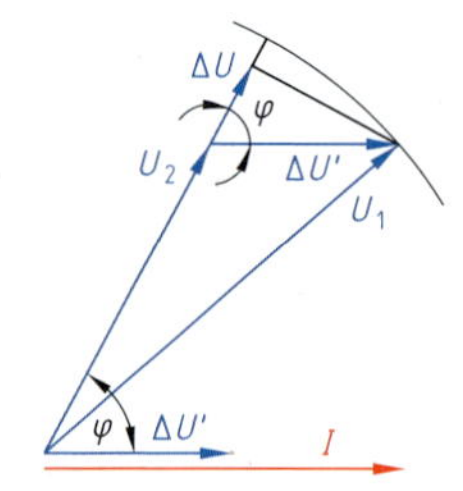

$$\Delta U' = \frac{2I \cdot l}{\gamma \cdot A}\ ;\ \Delta U = \Delta U' \cdot \cos\varphi$$

* Nach DIN 1304 auch S oder q.

U_1	Spannung am Leitungsanfang, Netzspannung	
U_2	Spannung am Leitungsende, Verbraucherspannung	
U	Netz-Nennspannung	
ΔU	Spannungsfall in V	$\Delta U \approx U_1 - U_2$
Δu	Spannungsfall in %	
$\Delta U'$	Spannung an der Leitung	
I	Leiterstrom	
l	Länge der Leitung	
$\cos\varphi$	Wirkfaktor	
γ	elektrische Leitfähigkeit	
A	Leiterquerschnitt*	
P	zu übertragende Leistung	
P_v	Leistungsverlust in W	
$P_{v\,\%}$	Leistungsverlust in %	

$$\Delta U = \frac{2 \cdot I \cdot l \cdot \cos\varphi}{\gamma \cdot A}$$
$$\Delta U = \frac{2 \cdot P \cdot l}{\gamma \cdot A \cdot U}$$

$$\Delta u = \frac{\Delta U}{U} \cdot 100\ \%$$

$$P_v = \frac{2 \cdot I^2 \cdot l}{\gamma \cdot A}$$

$$P_{v\,\%} = \frac{2 \cdot I \cdot l \cdot 100\ \%}{\gamma \cdot A \cdot U \cdot \cos\varphi}$$

$$P_{v\,\%} = \frac{P_v \cdot 100\%}{P}$$

Leitung für Drehstrom (bei symmetrischer Belastung)

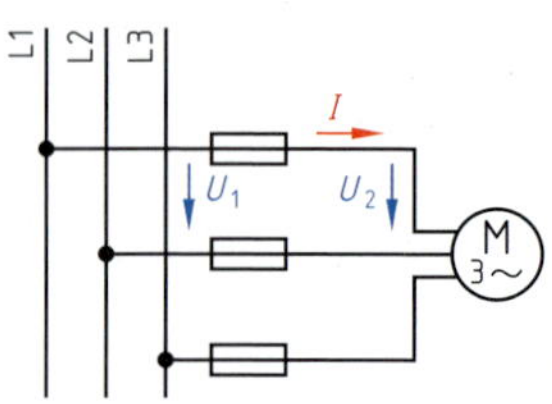

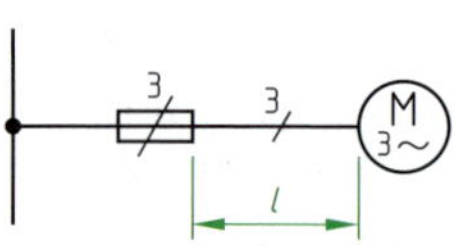

* Nach DIN 1304 auch S oder q.

U_1	Spannung am Leitungsanfang, Netzspannung	
U_2	Spannung am Leitungsende, Verbraucherspannung	
U	Netz-Nennspannung	
ΔU	Spannungsfall in V	$\Delta U \approx U_1 - U_2$
Δu	Spannungsfall in %	
I	Leiterstrom	
l	Länge der Leitung	
$\cos\varphi$	Wirkfaktor	
γ	elektrische Leitfähigkeit	
A	Leiterquerschnitt*	
P	zu übertragende Leistung	
P_v	Leistungsverlust in W	
$P_{v\,\%}$	Leistungsverlust in %	

$$\Delta U = \frac{\sqrt{3} \cdot I \cdot l \cdot \cos\varphi}{\gamma \cdot A}$$
$$\Delta U = \frac{P \cdot l}{\gamma \cdot A \cdot U}$$

$$\Delta u = \frac{\Delta U}{U} \cdot 100\ \%$$

$$P_v = \frac{3 \cdot I^2 \cdot l}{\gamma \cdot A}$$

$$P_{v\,\%} = \frac{\sqrt{3} \cdot I \cdot l \cdot 100\ \%}{\gamma \cdot A \cdot U \cdot \cos\varphi}$$

$$P_{v\,\%} = \frac{P_v \cdot 100\%}{P}$$

11.2.2 Verzweigte Leitungen

Leitung für Gleichstrom

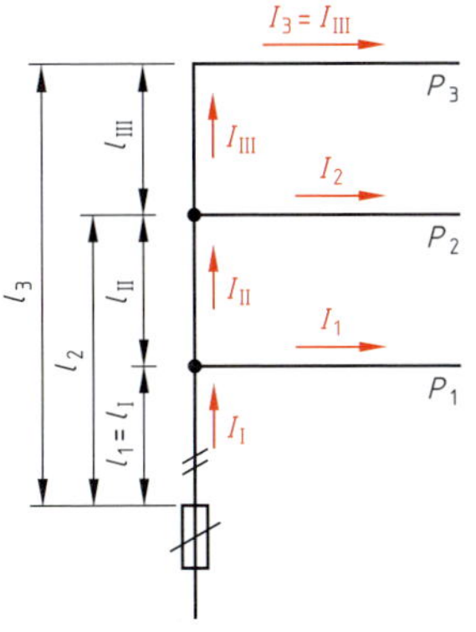

Leitung für Wechselstrom

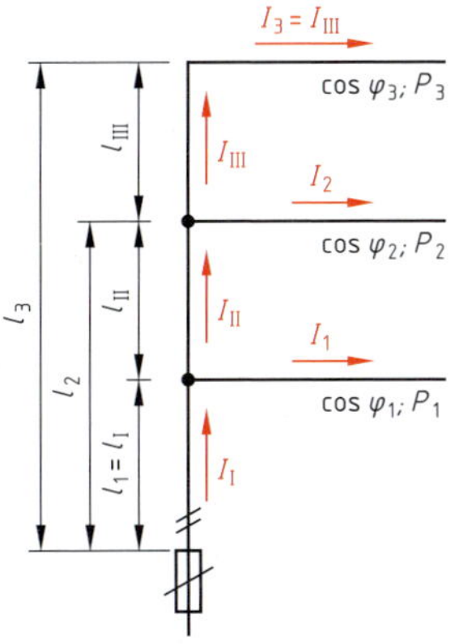

Leitung für Drehstrom

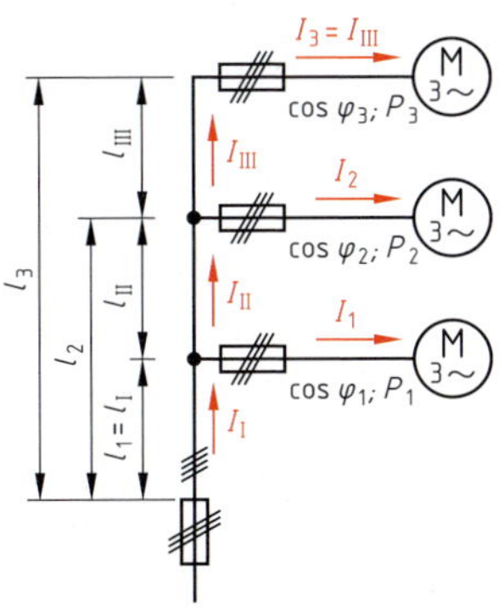

U_1 Spannung am Leitungsanfang

U_2 Spannung am Leitungsende

ΔU Spannungsfall in V bis zum Ende der Leitung

U Netz-Nennspannung

γ elektrische Leitfähigkeit

A* Leiterquerschnitt

I Gesamtstrom im ersten Leitungsabschnitt

Σ** Zeichen für Summe

$I_1, I_2 \dots$ Zweigströme

$l_1, l_2 \dots$ Leitungslängen bis zu den Abzweigen

$I_I, I_{II} \dots$ Gesamtströme in den Hauptleitungsabschnitten

$I_I = I_1 + I_2 + I_3 + \dots$

$I_{II} = I_2 + I_3 + \dots \quad I_{III} = I_3 + \dots$

$l_I, l_{II} \dots$ Längen der Hauptleitungsabschnitte

$P_1, P_2 \dots$ Zweigleistungen

$P_I, P_{II} \dots$ Gesamtleistungen in den Leitungsabschnitten

$P_I = P_1 + P_2 + P_3 + \dots$

$P_{II} = P_2 + P_3 + \dots$

$P_{III} = P_3 + \dots$

P_v Leistungsverlust in W

$P_{v\%}$ Leistungsverlust in %

$\cos\varphi_1, \cos\varphi_2 \dots$ Wirkfaktoren der Zweige

$\cos\varphi_m$ mittlerer Wirkfaktor (geschätzt)

g Gleichzeitigkeitsfaktor

* Nach DIN 1304 auch S oder q.

** Σ griech. Großbuchstabe Sigma.

Gleichstrom

$$\Delta U = U_1 - U_2$$

$$\Delta U = \frac{2}{\gamma \cdot A} \cdot \Sigma (I \cdot l)$$

$$\Sigma (I \cdot l) = I_I \cdot l_I + I_{II} \cdot l_{II} + \dots$$

$$\Sigma (I \cdot l) = I_1 \cdot l_1 + I_2 \cdot l_2 + \dots$$

$$\Delta U = \frac{2}{\gamma \cdot A \cdot U} \cdot \Sigma (P \cdot l)$$

$$\Sigma (P \cdot l) = P_I \cdot l_I + P_{II} \cdot l_{II} + \dots$$

$$\Sigma (P \cdot l) = P_1 \cdot l_1 + P_2 \cdot l_2 + \dots$$

$$P_v = \frac{2 \cdot (I_I^2 \cdot l_I + I_{II}^2 \cdot l_{II} + \dots)}{\gamma \cdot A}$$

Wechselstrom

$$\Delta U = U_1 - U_2$$

$$\Delta U = \frac{2}{\gamma \cdot A} (I_1 \cdot l_1 \cos\varphi_1 + \dots)$$

$$\Delta U = \frac{2 \cdot \cos\varphi_m}{\gamma \cdot A} \cdot \Sigma (I \cdot l)$$

$$\Delta U = \frac{2}{\gamma \cdot A \cdot U} \cdot \Sigma (P \cdot l)$$

$$P_v = \frac{2 \cdot (I_I^2 \cdot l_I + I_{II}^2 \cdot l_{II} + \dots)}{\gamma \cdot A}$$

$$P_{v\%} = \frac{P_v \cdot 100\,\%}{P_1 + P_2 + \dots}$$

Drehstrom

$$\Delta U = \frac{\sqrt{3} \cdot \Sigma (I \cdot l) \cdot \cos\varphi_m}{\gamma \cdot A}$$

$$\Delta U = \frac{\Sigma (P \cdot l)}{\gamma \cdot A \cdot U}$$

$$P_v = \frac{3 \cdot (I_I^2 \cdot l_I + I_{II}^2 \cdot l_{II} + \dots)}{\gamma \cdot A}$$

$$P_{v\%} = \frac{P_v \cdot 100\,\%}{P_1 + P_2 + \dots}$$

Hauptleitungen beim Gleichzeitigkeitsfaktor g:

$$\Delta U = \frac{\sqrt{3} \cdot \Sigma(I \cdot l) \cdot \cos\varphi_m \cdot g}{\gamma \cdot A}$$

11.2.3 Ringleitung

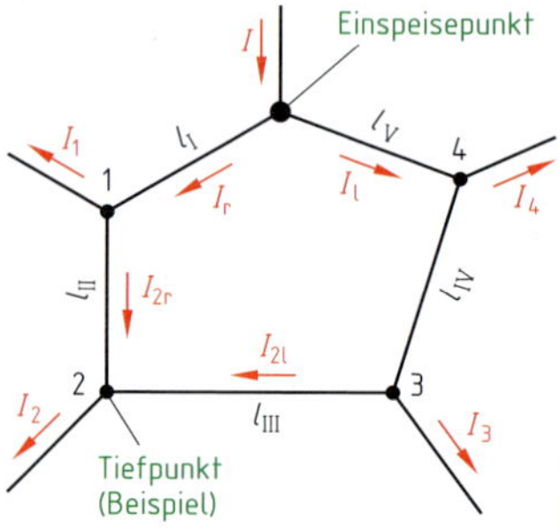

Ermittlung der Komponentenströme

Gleichgewichtsbedingungen für die Strommomente:

$$\Sigma (I \cdot l)_r = I_1 \cdot l_I + I_2 (l_I + l_{II}) + I_3 (l_I + l_{II} + l_{III}) + I_4 (l_I + l_{II} + l_{III} + l_{IV})$$

$$\Sigma (I \cdot l)_l = I_4 \cdot l_V + I_3 (l_{IV} + l_V) + I_2 (l_{III} + l_{IV} + l_V) + I_1 (l_{II} + l_{III} + l_{IV} + l_V)$$

$$\Sigma (I \cdot l)_r = I_l \cdot l \qquad \Sigma (I \cdot l)_l = I_r \cdot l \qquad I \approx I_1 + I_2 + I_3 + I_4$$

$\Sigma (I \cdot l)_r$	Summe der Strommomente nach rechts
$\Sigma (I \cdot l)_l$	Summe der Strommomente nach links
$I_1, I_2, \ldots$	Zweigströme
$l_I, l_{II}, \ldots$	Längen der Leitungsabschnitte
I	Gesamtstrom aller Zweige
I_r	Komponentenstrom nach rechts
I_l	Komponentenstrom nach links
l	Gesamtlänge der Ringleitung

$$I_l = \frac{\Sigma (I \cdot l)_r}{l}$$

$$I_r = I - I_l$$

$$I_r = \frac{\Sigma (I \cdot l)_l}{l}$$

$$I_l = I - I_r$$

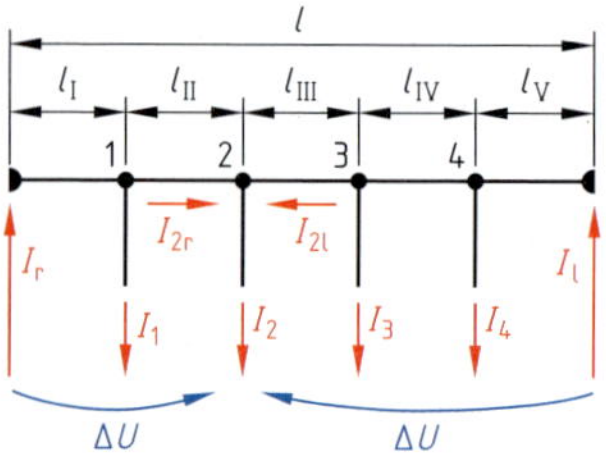

Ringleitung,
am Einspeisepunkt aufgeschnitten

Bestimmung des Tiefpunkts (Punkt 2 im Beispiel)

I_{2r}	Teilstrom nach rechts zum Tiefpunkt
I_{2l}	Teilstrom nach links zum Tiefpunkt
I_2	Zweigstrom am Tiefpunkt

Nach links zu Abzweig 2:

$$I_{2r} = I_r - I_1$$

$$I_{2r} < I_2$$

Abzweig 2 ist Tiefpunkt:

$$I_2 = I_{2r} + I_{2l}$$

Ermittlung des Leiterquerschnitts

Der Leiterquerschnitt wird vom größten Komponentenstrom bestimmt.

Ermittlung des Spannungsfalls bei Drehstrom

(Punkt 2 als Tiefpunkt)

$$\Sigma (I \cdot l)_{2r} = I_1 \cdot l_I + I_{2r} (l_I + l_{II})$$

$$\Sigma (I \cdot l)_{2l} = I_4 \cdot l_V + I_3 (l_{IV} + l_V) + I_{2l} (l_{III} + l_{IV} + l_V)$$

$\Sigma (I \cdot l)_{2r}$	Summe der Strommomente nach rechts bis zum Tiefpunkt
$\Sigma (I \cdot l)_{2l}$	Summe der Strommomente nach links bis zum Tiefpunkt
ΔU	Spannungsfall bis zum Tiefpunkt
A	Leiterquerschnitt

$$\Delta U = \frac{\sqrt{3} \cdot \cos \varphi_m \cdot \Sigma (I \cdot l)_{2r}}{\gamma \cdot A}$$

$$\Delta U = \frac{\sqrt{3} \cdot \cos \varphi_m \cdot \Sigma (I \cdot l)_{2l}}{\gamma \cdot A}$$

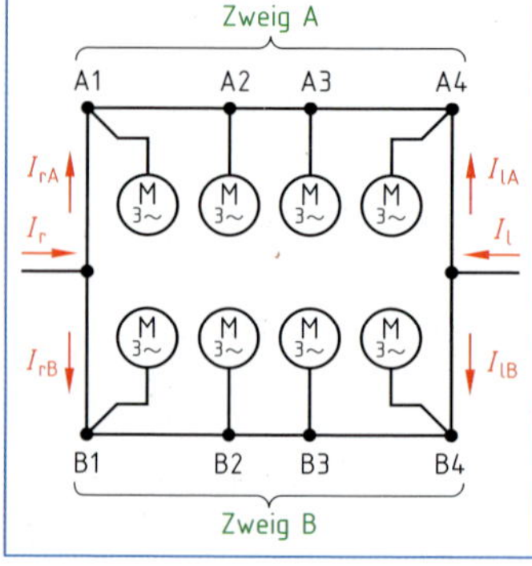

Ringleitung mit zwei Einspeisepunkten gleicher Spannung

Jeder der beiden Zweige A und B zwischen den Einspeisepunkten wird wie eine Ringleitung berechnet.

11.3 Licht und Beleuchtung

11.3.1 Lichttechnische Größen

Lichtausbeute

η Lichtausbeute
Φ_v Lichtstrom
P Leistungsaufnahme der Lichtquelle

$[\eta] = \frac{lm}{W}$

$[\Phi_v] = lm$

$$\eta = \frac{\Phi_v}{P}$$

Lichtstärke

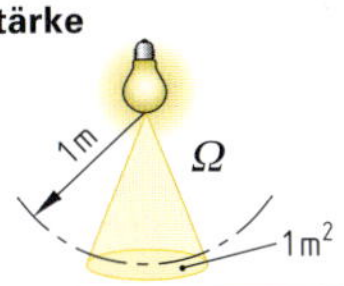

I_v Lichtstärke
Φ_v Lichtstrom
Ω Raumwinkel

$[I_v] = \frac{lm}{sr} = cd$

$[\Omega] = sr$ (steradiant)

$\Omega = 1$ sr, wenn die Ausschnittsfläche auf der Kugel 1 m² beträgt (Kugel mit Halbmesser 1 m).

$$I_v = \frac{\Phi_v}{\Omega}$$

Beleuchtungsstärke

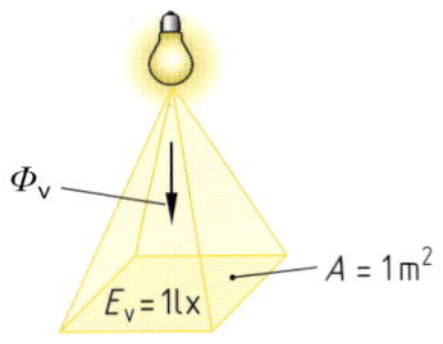

E_v Beleuchtungsstärke
E_p Beleuchtungsstärke im Punkt P
Φ_v Lichtstrom
η_B Beleuchtungswirkungsgrad
A beleuchtete Fläche
Ω Raumwinkel
r Abstand des Punktes P von der Lichtquelle
I_v Lichtstärke
α Strahlungswinkel gegen die Senkrechte

$[E] = \frac{lm}{m^2} = lx$

$$E_v = \frac{\Phi_v \cdot \eta_B}{A}$$

$$A = \Omega \cdot r^2$$

$$E_p = \frac{I_v \cdot \cos\alpha}{r^2}$$

Leuchtdichte

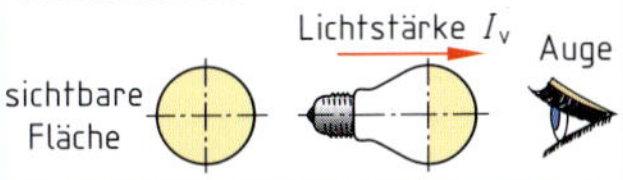

L_v Leuchtdichte
I_v Lichtstärke
A beleuchtete Fläche

$[L_v] = \frac{cd}{m^2}$

Lichteinfall senkrecht zur Fläche:

$$L_v = \frac{I_v}{A}$$

11.3.2 Berechnung von Beleuchtungsanlagen

Innenbeleuchtung nach der Wirkungsgradmethode

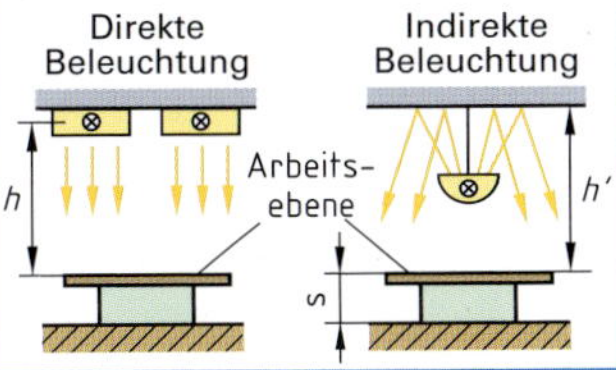

k Raumindex für direkte Beleuchtung
k_i Raumindex für indirekte Beleuchtung
l Länge des Raumes
b Breite des Raumes
h Höhe der Leuchte über der Arbeitsebene
h' Deckenhöhe über Arbeitsebene
s Höhe der Arbeitsebene

Für direkte Beleuchtung:

$$k = \frac{l \cdot b}{h \cdot (l + b)}$$

Für indirekte Beleuchtung:

$$k_i = \frac{3 \cdot l \cdot b}{2 \cdot h' \cdot (l + b)}$$

Beleuchtungswirkungsgrad

η_B Beleuchtungswirkungsgrad
η_{LB} Leuchtenbetriebswirkungsgrad
η_R Raumwirkungsgrad

$$\eta_B = \eta_{LB} \cdot \eta_R$$

Wartungsfaktoren (Referenzwerte)

Wartungsfaktor *WF*	0,8	0,67	0,57	0,50
Anwendung	sehr saubere Räume	saubere Räume	Räume mit normaler Verschmutzung	Räume mit starker Verschmutzung

Zahl der erforderlichen Lampen

n Anzahl der erforderlichen Lampen
$\bar{E}_v$ mittlere Beleuchtungsstärke
A auszuleuchtende Fläche
WF Wartungsfaktor
Φ_{La} Lichtstrom je Lampe
η_B Beleuchtungswirkungsgrad

$[\bar{E}_v] = lx$

$[\Phi_{La}] = lm$

$$n = \frac{\bar{E}_v \cdot A}{\Phi_{La} \cdot \eta_B \cdot WF}$$

ϱ Reflexionsgrad
α Absorptionsgrad
τ Transmissionsgrad (Durchlassgrad)
Φ_ϱ reflektierter Lichtstrom
Φ_α absorbierter Lichtstrom
Φ_τ durchgelassener Lichtstrom
Φ auftreffender Lichtstrom

Reflexion

$$\varrho = \frac{\Phi_\varrho}{\Phi}$$

Absorption

$$\alpha = \frac{\Phi_\alpha}{\Phi}$$

Transmission

$$\tau = \frac{\Phi_\tau}{\Phi}$$

$$\Phi = \Phi_\varrho + \Phi_\alpha + \Phi_\tau$$

$$\varrho + \alpha + \tau = 1$$

11.4 Antennen

11.4.1 Frequenzbereiche

Bereich	Langwelle	Mittelwelle	Kurzwelle	Fernsehbereich I	Ultrakurzwelle	unterer Sonderkanal	Fernsehbereich III	oberer Sonderkanal	Fernsehbereich IV/V	Satbereich
Kurzz.	LW	MW	KW	FI	UKW	USB	FIII	OSB	UHF	SHF
Kanäle	–	–	–	2…4	2…70	S2…S10	5…12	S11…S20	21…69	1…120
Frequenz	150… 285 kHz	520 … 1605 kHz	3,95 … 26,1 MHz	47 … 68 MHz	87,5 … 108 MHz	111 … 174 MHz	174 … 230 MHz	230 … 300 MHz	470… 862 MHz	10,7 … 12,75 GHz

11.4.2 Wellenlänge, Empfangsspannung, Wellenwiderstand

Wellenlänge elektromagnetischer Wellen im leeren Raum

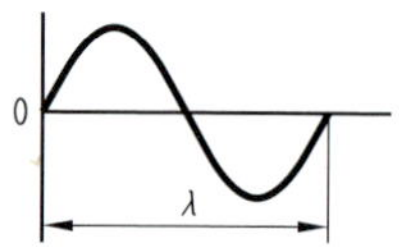

	λ Wellenlänge f Frequenz c Ausbreitungsgeschwindigkeit $c \approx 300000\ \frac{km}{s}$	$[\lambda] = \frac{m}{s} \cdot s = m$	$\lambda = \frac{c}{f}$
Empfangsspannung	U Empfangsspannung E Empfangsfeldstärke h wirksame Antennenlänge	$[U] = \frac{V}{m} \cdot m = V$	$U = E \cdot h$

Kenngrößen von Mehrelemente-Antennen

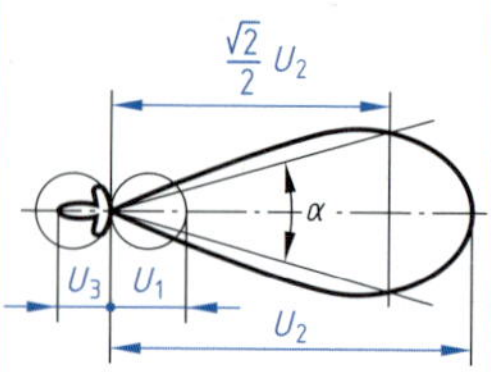

	G_A Antennengewinn U_2 Empfangsspannung einer Mehrelemente-Antenne in Vorzugsrichtung U_1 Dipolspannung	$[G_A]$ = dB	$G_A = 20\ \lg \frac{U_2}{U_1}$
	G_{VR} Vor-Rück-Verhältnis U_3 Rückwärtige Spannung einer Mehrelemente-Antenne α Öffnungswinkel	$[G_{VR}]$ = dB	$G_{VR} = 20\ \lg \frac{U_2}{U_3}$
Anpassungsvorschrift	R_i Antennenwiderstand Z Wellenwiderstand der Leitung R_e Eingangswiderstand des Empfängers		$R_i = Z = R_e$
Wellenwiderstand der Leitung	Z Wellenwiderstand L Leitungsinduktivität C Leitungskapazität	$[Z] = \sqrt{\frac{Vs/Am}{As/Vm}} = \Omega$	$Z = \sqrt{\frac{L}{C}}$
Wellenwiderstand des leeren Raumes	μ_0 magnetische Feldkonstante ε_0 elektrische Feldkonstante Z_0 Wellenwiderstand des leeren Raumes	$Z_0 = \sqrt{\frac{1{,}26 \cdot 10^{-6}\ Vs/Am}{8{,}85 \cdot 10^{-12}\ Vs/Vm}}$ $= 377\ \Omega$	$Z_0 = \sqrt{\frac{\mu_0}{\varepsilon_0}}$
Reflektionsfaktor der Leitung	r Reflektionsfaktor R_a Abschlusswiderstand Z Wellenwiderstand		$r = \frac{Ra - Z}{Ra + Z}$
Rückflussdämpfung der Leitung (ideale Anpassung: $r = 0$, $a = \infty$)	a Rückflussdämpfung r Reflektionsfaktor		$a = 20 \cdot \lg \frac{1}{r}$

11.4.3 Verstärkungen, Dämpfungen, Pegel

Verstärkungsfaktor, Dämpfungsfaktor

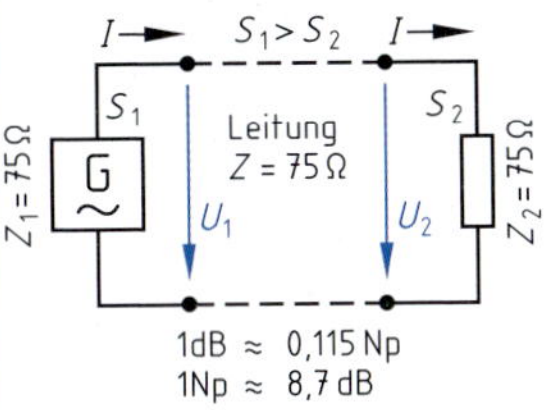

V_u Spannungsverstärkungsfaktor
U_1 Eingangsspannung
U_2 Ausgangsspannung
V_p Leistungsverstärkungsfaktor
P_1 aufgenommene Leistung
P_2 abgegebene Leistung
D_u Spannungsdämpfungsfaktor
D_p Leistungsdämpfungsfaktor

$$V_u = \frac{U_2}{U_1} \qquad V_p = \frac{P_2}{P_1}$$

$$D_u = \frac{U_1}{U_2} \qquad D_p = \frac{P_1}{P_2}$$

Verstärkungsmaß, Dämpfungsmaß

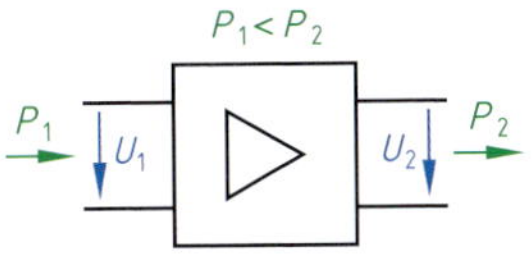

A_u Spannungsdämpfungsmaß in dB
U_1 Eingangsspannung in V
U_2 Ausgangsspannung in V
A_p Leistungsdämpfungsmaß in dB
P_1 aufgenommene Leistung in W
P_2 abgegebene Leistung in W
G_u Spannungsverstärkungsmaß in dB
G_p Leistungsverstärkungsmaß in dB
A_{ges} Gesamtdämpfungsmaß
A_1, A_2, A_3 Einzeldämpfungsmaße

$$A_u = 20 \cdot \lg \frac{U_1}{U_2} \qquad A_p = 10 \cdot \lg \frac{P_1}{P_2}$$

$$G_u = 20 \cdot \lg \frac{U_2}{U_1} \qquad G_p = 10 \cdot \lg \frac{P_2}{P_1}$$

$$A_{ges} = A_1 + A_2 + A_3 + \ldots$$

Pegel

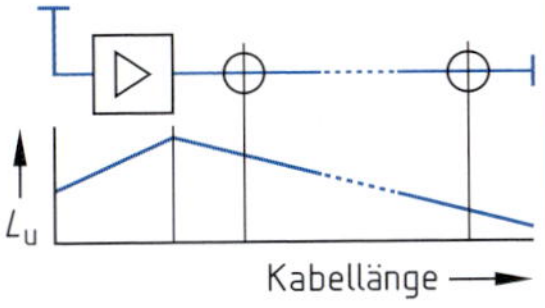

L_u Spannungspegel in dBµV
U Spannung in µV
U_0 Bezugsspannung
L_p Leistungspegel in dBmW
P Leistung in mW
P_0 Bezugsleistung 1 mW

$$L_u = 20 \cdot \lg \frac{U}{U_0}$$

$$L_p = 10 \cdot \lg \frac{P}{P_0}$$

Absoluter Pegel: P_0 = 1 mW an 600 Ω; **Bezugsspannung bei Antennenanlagen:** U_0 = 1 µV an 75 Ω

Spannungsverhältnisse, Spannungs- und Pegelwerte

Spannungsverhältnisse			
Dämpfung		Verstärkung	
$\frac{U_1}{U_2}$	*A* in db	$\frac{U_1}{U_2}$	*A* in db
1	0	1	0
0,89	– 1	1,12	1
0,79	– 2	1,26	2
0,71	– 3	1,41	3
0,63	– 4	1,59	4
0,56	– 5	1,78	5
0,45	– 7	2,24	7
0,32	–10	3,16	10
0,18	–15	5,62	15
0,1	– 20	10	20
0,032	– 30	31,62	30
0,0032	– 50	316,23	50
0,00001	– 100	100 000	100

Spannungs- und Pegelwerte			
Pegel in dBµV	Spannung in µV U_0 = 1 µV	Pegel in dB	Spannung in V U_0 = 0,775 V
0	1	0	0,775
1	1,12	1	0,87
2	1,26	2	0,98
3	1,41	3	1,09
4	1,59	5	1,38
7	2,24	7	1,74
10	3,16	10	2,45
15	5,62	15	4,36
20	10	20	7,75
30	31,62	30	24,51
50	316,23	50	245,08
70	3 162,28	70	2 450,77
100	100 000,00	100	77 500,00

Mindest- und Höchstpegel an Antennensteckdosen

Art	Bereich, System	Frequenzbereich	Mindestpegel	Höchstpegel
Tonrundfunk	UKW (Stereo)	87,5 … 108 MHz	50 dBµV	70 dBµV
Fernsehrundfunk	FI, FIII, FIV/V	47 … 862 MHz	60 dBµV	80* dBµV
	DVB-S	950 … 2150 MHz	47 dBµV	77 dBµV*
	DVB-S2	950 … 2150 MHz	47 dBµV	77 dBµV*
	SAT-ZF	950 … 2150 MHz	47 dBµV	77 dBµV*
	DVB-C	47 … 862 MHz	41** dBµV	74** dBµV
	DVB-T	174 … 230 MHz 470 … 862 MHz	26** dBµV	74 dBµV

* 77 dBµV bei Systemen mit mehr als 20 Kanälen

** Je nach Modulation und/oder Code-Rate evtl. andere Werte

Pegelrechnung

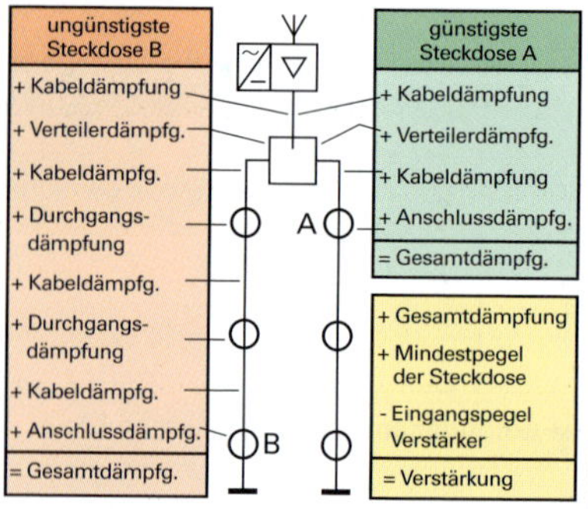

A_{ges} Gesamtdämpfung in dB

A_K Kabeldämpfung in dB

A_V Verteilerdämpfung in dB

A_A Anschlussdämpfung in dB

A_D Durchgangsdämpfung in dB

V_{min} Mindestverstärkung des Antennenverstärkers in dB

L_{min} Mindestpegel der Antennensteckdose in dBμV

L_e Eingangspegel des Antennenverstärkers in dBμV

$$A_{ges} = A_K + A_V + A_A + A_D$$

$$V_{min} = A_{ges} + L_{min} - L_e$$

11.4.4 Mechanische Sicherheit von Antennenanlagen

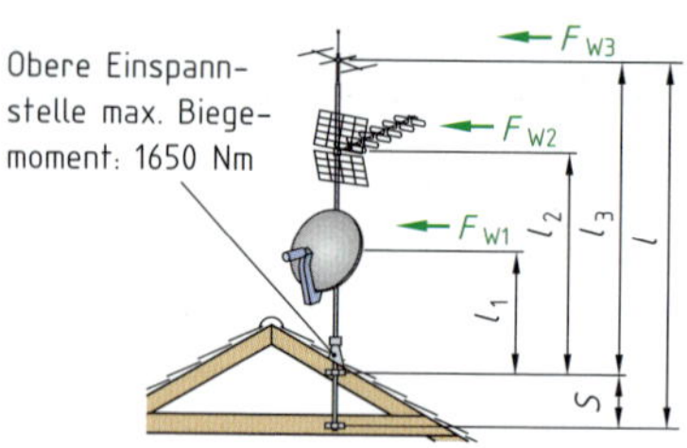

$$M_G = M_R + F_{W1} \cdot l_1 + F_{W2} \cdot l_2 + F_{W3} \cdot l_3$$

M_1, M_2 Biegemoment der Antennen

M_G Gesamtbiegemoment

M_R Eigenbiegemoment des Antennenstandrohres

S Einspannlänge

F_{W1}, F_{W2} Windlasten

$l_1, l_2, \ldots$ Abstände von der oberen Einspannstelle

l Gesamtlänge

F_{W20} Windlast > 20 m Grund

$$M_1 = F_{W1} \cdot l_1$$

$$M_G = M_R + M_1 + M_2 + \ldots$$

$$S \geq \frac{1}{6} \cdot l$$

Bei einer Antennenmontage in einer Höhe von mehr als 20 m über Grund gilt für alle angegebenen Windlasten:

$$F_{W20} = 1{,}37 \cdot F_W$$

12 Digitaltechnik

12.1 Grundfunktionen

Schaltzeichen | Wertetabelle | Zeitablaufdiagramm | Funktionsgleichung

UND-Verknüpfung (Konjunktion)

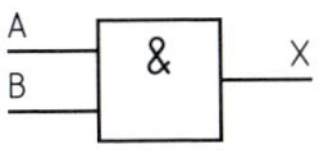

B	A	X
0	0	0
0	1	0
1	0	0
1	1	1

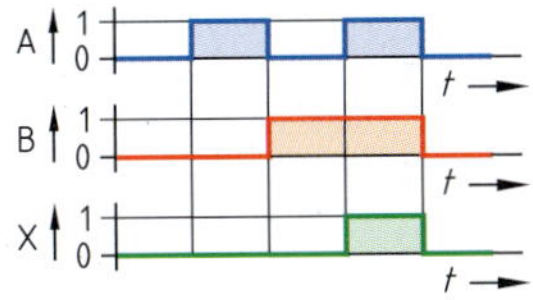

$$X = A \wedge B$$

ODER-Verknüpfung (Disjunktion)

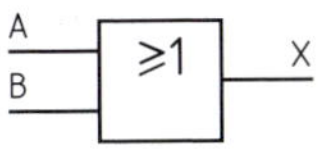

B	A	X
0	0	0
0	1	1
1	0	1
1	1	1

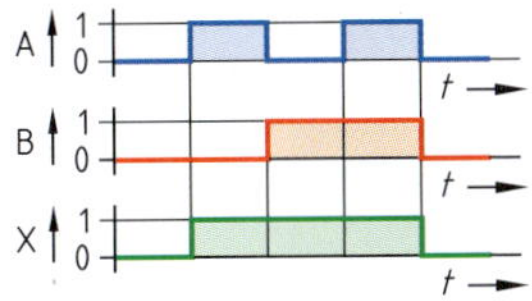

$$X = A \vee B$$

NICHT-Verknüpfung (Negation)

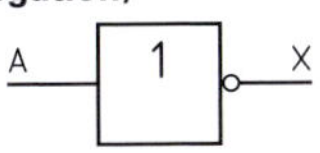

A	X
0	1
1	0

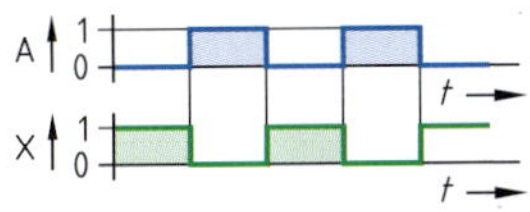

$$\overline{X} = A$$

12.2 Zusammengesetzte Funktionen

NAND-Verknüpfung

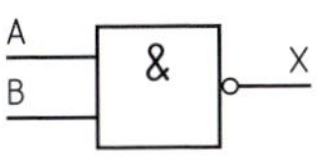

B	A	X
0	0	1
0	1	1
1	0	1
1	1	0

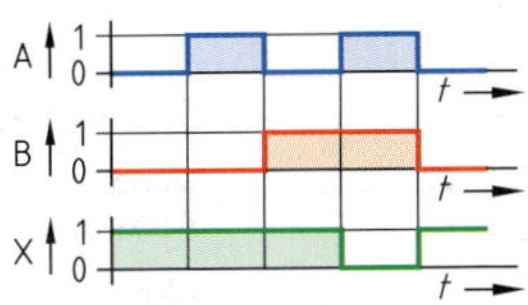

$$X = \overline{A \wedge B}$$

NOR-Verknüpfung

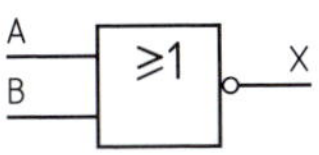

B	A	X
0	0	1
0	1	0
1	0	0
1	1	0

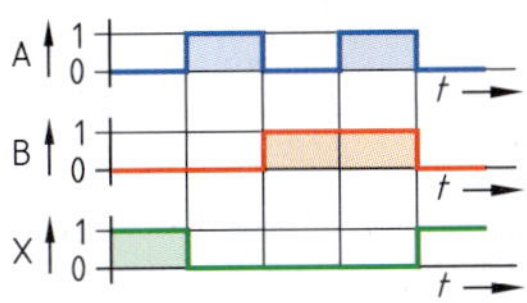

$$X = \overline{A \vee B}$$

12.3 Spezielle zusammengesetzte Funktionen

EXCLUSIV-ODER-Verknüpfung (Antivalenz,XOR)

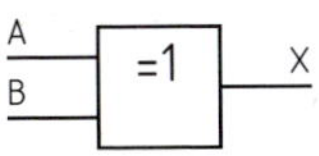

B	A	X
0	0	0
0	1	1
1	0	1
1	1	0

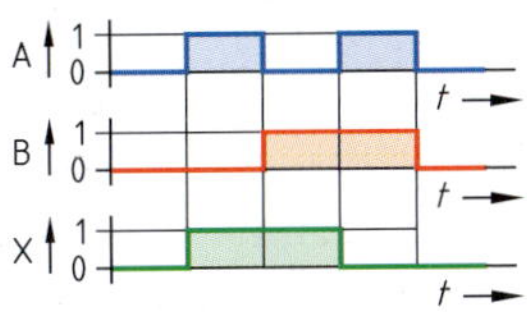

$$X = (A \wedge \overline{B}) \vee (\overline{A} \wedge B)$$

ÄQUIVALENZ-Verknüpfung

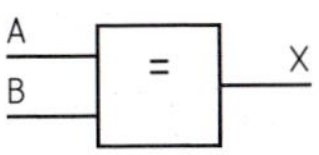

B	A	X
0	0	1
0	1	0
1	0	0
1	1	1

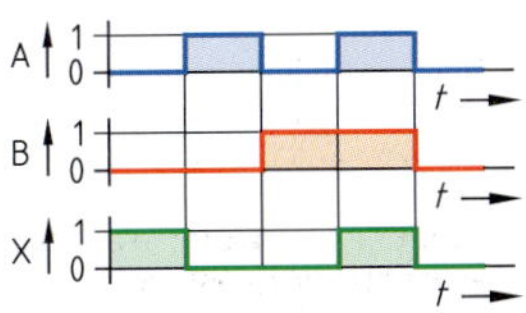

$$X = (A \wedge B) \vee (\overline{A} \wedge \overline{B})$$

Schaltzeichen | Wertetabelle | Zeitablaufdiagramm | Funktionsgleichung

INHIBIT-Verknüpfung

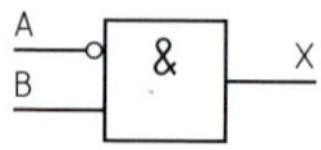

B	A	X
0	0	0
0	1	0
1	0	1
1	1	0

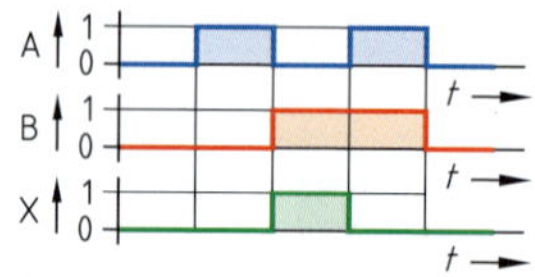

$X = \overline{A} \wedge B$

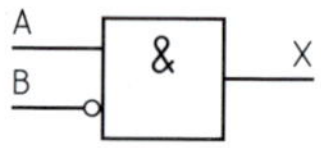

B	A	X
0	0	0
0	1	1
1	0	0
1	1	0

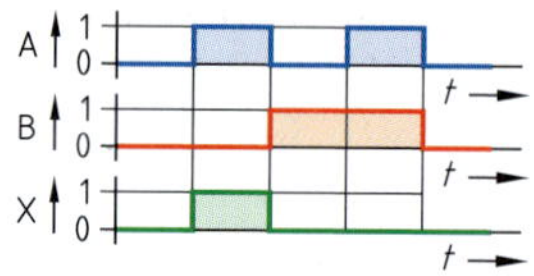

$X = A \wedge \overline{B}$

IMPLIKATION-Verknüpfung

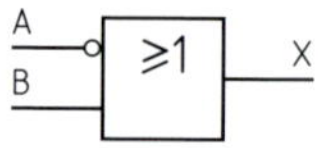

B	A	X
0	0	1
0	1	0
1	0	1
1	1	1

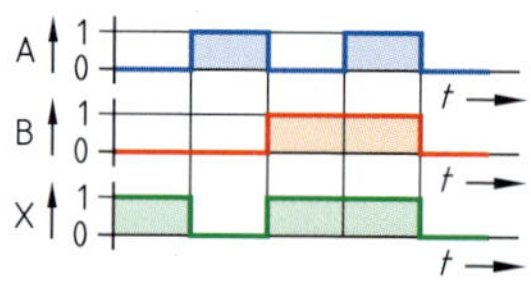

$X = \overline{A} \vee B$

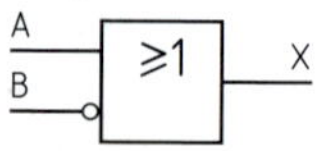

B	A	X
0	0	1
0	1	1
1	0	0
1	1	1

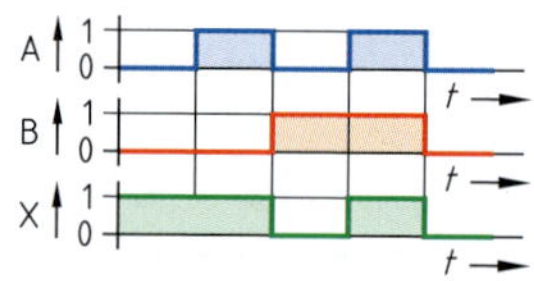

$X = A \vee \overline{B}$

12.4 Rechengesetze der Schaltalgebra

Reihenfolge der Rechenoperationen bei Gleichungen der Schaltalgebra:

1. NICHT-Verknüpfung
2. UND-Verknüpfung
3. ODER-Verknüpfung

Rechenregeln für eine Variable:

NICHT	UND	ODER
$\overline{\overline{A}} = A$	$A \wedge 0 = 0$	$A \vee 0 = A$
$\overline{\overline{\overline{A}}} = \overline{A}$	$A \wedge 1 = A$	$A \vee 1 = 1$
$\overline{\overline{\overline{\overline{A}}}} = A$	$A \wedge A = A$	$A \vee A = A$
	$A \wedge \overline{A} = 0$	$A \vee \overline{A} = 1$
	$\overline{A} \wedge A = 0$	$\overline{A} \vee A = 1$

Verknüpfungszeichen der Schaltalgebra:

Operation	NICHT	UND	ODER
Schaltalgebra	–	•	+
Aussagelogik	–	∧	∨

De morgansche Gesetze

$\overline{A \wedge B} = \overline{A} \vee \overline{B}$ $\qquad A \wedge B = \overline{\overline{A} \vee \overline{B}}$

$\overline{A \vee B} = \overline{A} \wedge \overline{B}$ $\qquad A \vee B = \overline{\overline{A} \wedge \overline{B}}$

Kommutativgesetz (Vertauschungsgesetz)

$A \wedge B = B \wedge A$

$A \vee B = B \vee A$

Distributivgesetz (Verteilungsgesetz)

$(A \wedge B) \vee (A \wedge C) = A \wedge (B \vee C)$

$(A \vee B) \wedge (A \vee C) = A \vee (B \wedge C)$

Vereinfachung von schaltalgebraischen Ausdrücken

$A \vee (A \wedge B) = A \wedge (1 \vee B) = A \wedge 1 = A$

$A \wedge (A \vee B) = (A \wedge A) \vee (A \wedge B) = A \vee (A \wedge B) = A$

$A \vee (\overline{A} \wedge B) = (A \vee \overline{A}) \wedge (A \vee B) = 1 \wedge (A \vee B) = A \vee B$

$A \wedge (\overline{A} \vee B) = (A \wedge \overline{A}) \vee (A \wedge B) = 0 \vee (A \wedge B) = A \wedge B$

$(A \wedge B) \vee (A \wedge \overline{B}) = A \wedge (B \vee \overline{B}) = A \wedge 1 = A$

$(A \vee B) \wedge (A \vee \overline{B}) = A \wedge (B \vee \overline{B}) = A \wedge 1 = A$

Assoziativgesetz (Verbindungsgesetz)

$A \wedge B \wedge C = (A \wedge B) \wedge C = A \wedge (B \wedge C) = (A \wedge C) \wedge B$

$A \vee B \vee C = (A \vee B) \vee C = A \vee (B \vee C) = (A \vee C) \vee B$

13 Elektronik

13.1 Halbleiterdioden

Kennlinie

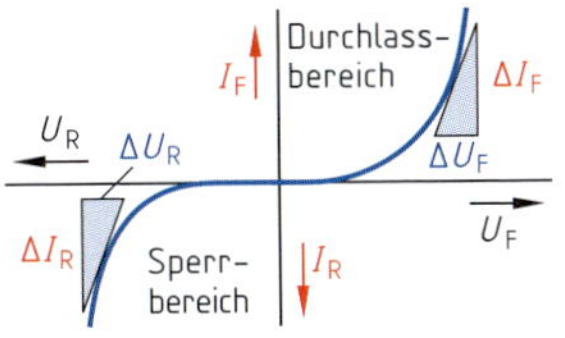

U_F Durchlassspannung
U_R Sperrspannung
I_F Durchlassstrom
I_R Sperrstrom
R_F statischer Durchlasswiderstand
R_R statischer Sperrwiderstand
r_F differenzieller Durchlasswiderstand
r_R differenzieller Sperrwiderstand

$$R_F = \frac{U_F}{I_F} \qquad r_F = \frac{\Delta U_F}{\Delta I_F}$$

$$R_R = \frac{U_R}{I_R} \qquad r_R = \frac{\Delta U_R}{\Delta I_R}$$

Diodenschaltung (Leuchtdioden, LED)

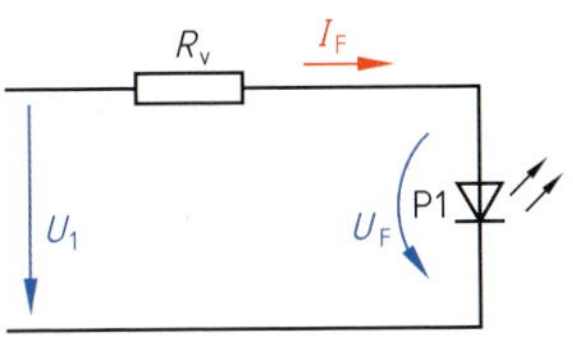

U_1 Anschlussspannung
U_F Durchlassspannung
U_R Sperrspannung
I_F Durchlassstrom
I_R Sperrstrom
R_v Vorwiderstand
P_{tot} max. zul. Verlustleistung

Der Index max gibt den jeweiligen Höchstwert an.

$$R_v = \frac{U_1 - U_F}{I_F}$$

$$P_{tot} = I_{F\,max} \cdot U_{F\,max}$$

$$U_{Rmax} \geq U_{1max}$$

Gleichrichterschaltungen: Seite 50

13.2 Bipolarer Transistor

Gleichstromgrößen in Ermitterschaltung

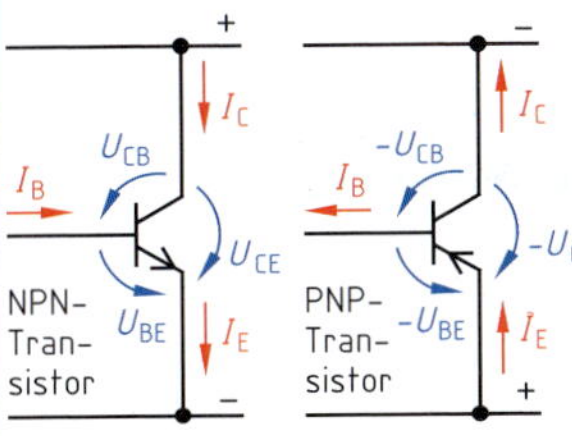

U_{CE} Kollektor-Emitter-Spannung
U_{BE} Basis-Emitter-Spannung
U_{BC} Basis-Kollektor-Spannung
I_C Kollektorstrom
I_E Emitterstrom
I_B Basisstrom
P_{tot} max. zul. Verlustleistung
P_v Verlustleistung
B Gleichstromverhältnis (Verstärkung)

$$U_{CE} = U_{BC} + U_{BE}$$
$$I_E = I_C + I_B$$
$$P_v = U_{CE} \cdot I_C$$
$$P_v < P_{tot}$$
$$B = \frac{I_C}{I_B}$$

Arbeitspunkteinstellung durch Basisvorwiderstand

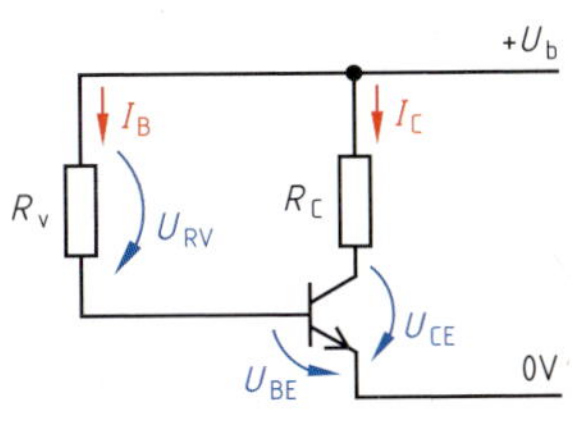

U_{Rv} Spannung am Basisvorwiderstand
U_b Betriebsspannung
U_{BE} Basis-Emitter-Spannung
U_{CE} Kollektor-Emitter-Spannung
I_B Basisstrom
I_C Kollektorstrom
R_C Kollektorwiderstand
R_v Basisvorwiderstand
B Gleichstromverhältnis

$$U_{Rv} = U_b - U_{BE}$$
$$U_{Rv} = I_B \cdot R_v$$
$$R_v = \frac{U_b - U_{BE}}{I_B}$$
$$R_v = \frac{(U_b - U_{BE}) \cdot B}{I_C}$$
$$R_C = \frac{U_b - U_{CE}}{I_C}$$

Arbeitspunkteinstellung durch Basisspannungsteiler

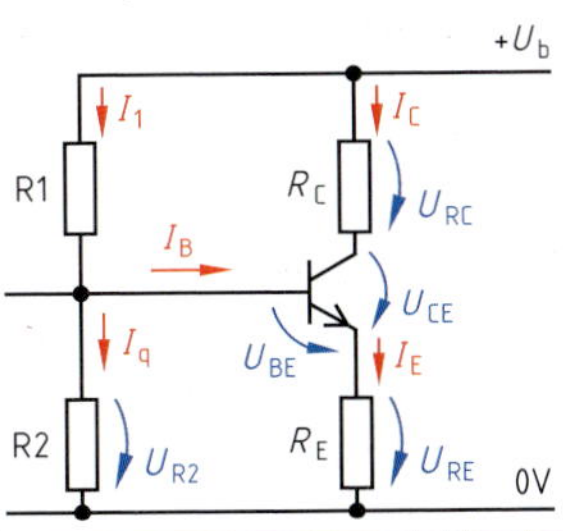

I_B Basisstrom
I_C Kollektorstrom
I_q Querstrom
q Querstromverhältnis ($q = 3$ bis 10)
R_C Kollektorwiderstand
R_E Emitterwiderstand
R_1, R_2 Basisspannungsteilerwiderstände
U_b Betriebsspannung
U_{RE} Spannung an R_E
U_{R2} Spannung an R2
m Widerstandsverhältnis ($m = 5$ bis 10)

$$R_2 = \frac{U_{R2}}{I_q} \qquad q = \frac{I_q}{I_B}$$

$$R_E = \frac{R_C}{m} \qquad R \approx \frac{U_{RE}}{I_C}$$

$$R_1 = \frac{U_b - U_{R2}}{I_B + I_q}$$

$$R_C = \frac{U_b - U_{CE} - U_{RE}}{I_C}$$

Verstärker in Emitterschaltung

Wechselstromersatzschaltung

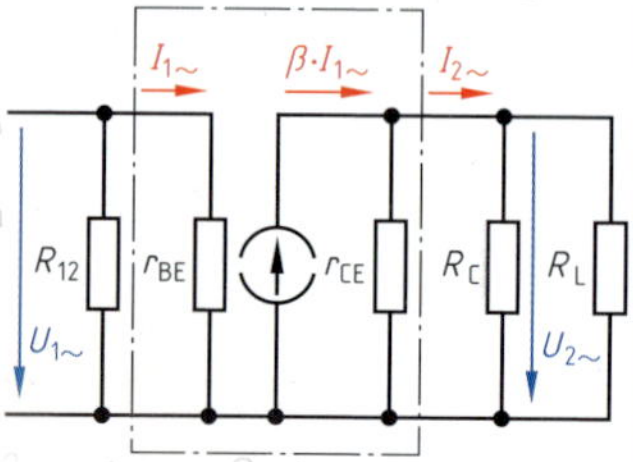

Koppelkondensatoren

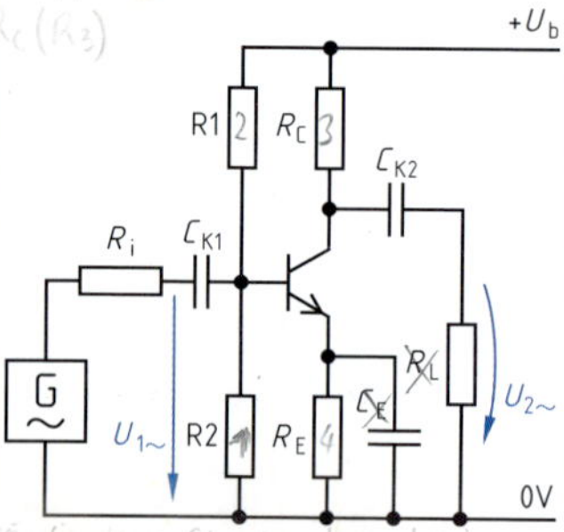

R_C	Kollektorwiderstand
R_L	Lastwiderstand der Stufe
R_{12}	Ersatzwiderstand des Spannungsteilers
R_1, R_2	Spannungsteilerwiderstände
Z_L	Gesamtlastwiderstand des Transistors
Z_e	Wechselstrom-Eingangswiderstand der Stufe
Z_a	Wechselstrom-Ausgangswiderstand der Stufe
r_{BE}	Eingangswiderstand des Transistors (h_{11e})
r_{CE}	Ausgangswiderstand des Transistors ($1/h_{22e}$)
V_u	Spannungsverstärkungsfaktor
V_i	Stromverstärkungsfaktor
V_p	Leistungsverstärkungsfaktor
β	Kurzschluss-Stromverstärkungsfaktor (h_{21e})
$U_{1\sim}$	Eingangswechselspannung
$U_{2\sim}$	Ausgangswechselspannung
$I_{1\sim}$	Eingangswechselstrom
$I_{2\sim}$	Ausgangswechselstrom
f_{ct}	untere Grenzfrequenz der Verstärkerschaltung
f_c	Grenzfrequenz des einzelnen Hochpasses
n	Anzahl der Hochpässe
C_E	Emitterkondensator
C_{K1}	Eingangskondensator
C_{K2}	Ausgangskondensator

$$Z_L = \frac{R_C \cdot R_L}{R_C + R_L}$$

Bei $R_L = \infty$ ist $Z_L = R_C$

$$V_i = \frac{I_{2\sim}}{I_{1\sim}} \qquad V_i = \beta \cdot \frac{r_{CE}}{r_{CE} + Z_L}$$

$$V_u = \frac{U_{2\sim}}{U_{1\sim}} \qquad V_u = \frac{\beta \cdot r_{CE} \cdot Z_L}{r_{BE} \cdot (r_{CE} + Z_L)}$$

$$V_u = V_i \cdot \frac{Z_L}{r_{BE}} \qquad V_p = V_i \cdot V_u$$

$$R_{12} = \frac{R_1 \cdot R_2}{R_1 + R_2}$$

$$Z_e = \frac{R_{12} \cdot r_{BE}}{R_{12} + r_{BE}} \qquad Z_a = \frac{r_{CE} \cdot R_C}{r_{CE} + R_C}$$

$$f_{ct} \approx \sqrt{n} \cdot f_c$$

$$C_{K1} = \frac{1}{2 \cdot \pi \cdot f_{ct} \cdot (R_i + Z_e)}$$

$$C_E = \frac{\beta}{2 \cdot \pi \cdot f_{ct} \cdot (r_{BE} + R_i)}$$

$$C_{K2} = \frac{1}{2 \cdot \pi \cdot f_{ct} \cdot (Z_a + R_L)}$$

13.3 Feldeffekttransistor in Sourceschaltung

Gleichstromgrößen

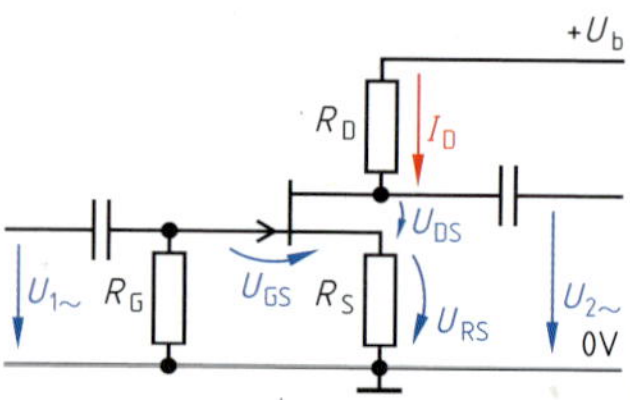

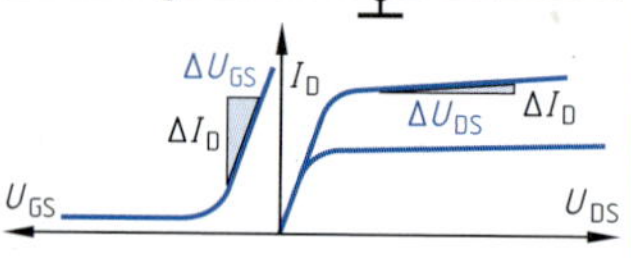

P_v	Verlustleistung
U_{GS}	Gate-Source-Spannung
U_b	Betriebsspannung
I_D	Drainstrom
I_{GSS}	Gate-Source-Reststrom
R_D	Drainwiderstand
R_S	Sourcewiderstand
R_G	Gatewiderstand
S	Steilheit
ΔI_D	Drainstromänderung
ΔU_{GS}	Gate-Source-Spannungsänderung
ΔU_{DS}	Drain-Source-Spannungsänderung
r_{DS}	Drain-Source-Wechselstromwiderstand

$$P_v = U_{DS} \cdot I_D$$

$$R_D = \frac{U_b - U_{DS} - U_{RS}}{I_D}$$

$$R_S = \frac{U_{RS}}{I_D} \qquad U_{RS} = -U_{GS}$$

$$R_G = \frac{0{,}5\ \text{V}}{I_{GSS}}$$

U_{DS} konstant:

$$S = \frac{\Delta I_D}{\Delta U_{GS}}$$

U_{GS} konstant:

$$r_{DS} = \frac{\Delta U_{DS}}{\Delta I_D}$$

Verstärker in Sourceschaltung

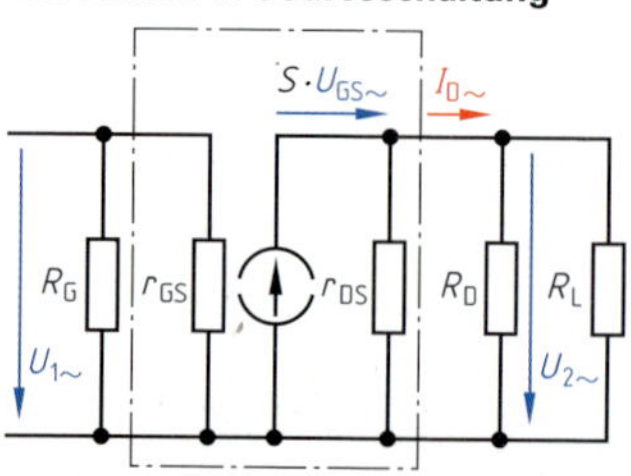

Z_L	Gesamtwiderstand
R_D	Drainwiderstand
R_L	Lastwiderstand der Verstärkerstufe
V_u	Spannungsverstärkungsfaktor
$U_{1\sim}$	Eingangswechselspannung U_{GS}
$U_{2\sim}$	Ausgangswechselspannung
S	Steilheit
U_{GS}	Gate-Source-Spannung
r_{DS}	Drain-Source-Wechselstromwiderstand

$$Z_L = \frac{R_D \cdot R_L}{R_D + R_L}$$

$$V_u = \frac{U_{2\sim}}{U_{1\sim}} = \frac{U_{2\sim}}{U_{GS\sim}}$$

$$V_u = \frac{S \cdot r_{DS} \cdot Z_L}{r_{DS} + Z_L}$$

13.4 Transistor als Schalter

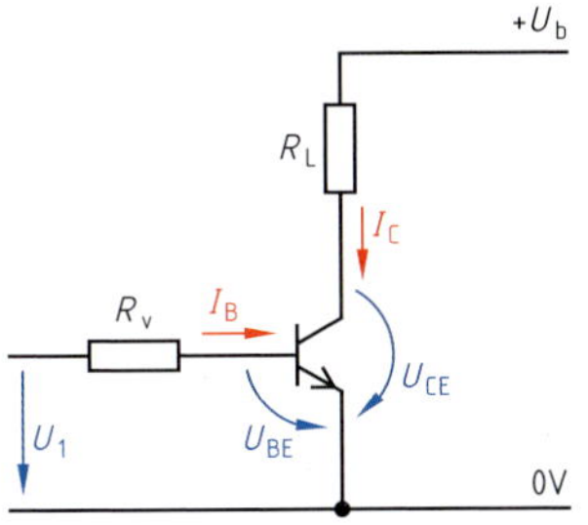

I_C	Kollektorstrom
I_B	Basisstrom
$I_{B\,min}$	minimaler Basisstrom
U_b	Betriebsspannung
U_1	Eingangsspannung
$U_{BE\,sat}$	Basis-Emitter-Sättigungs-spannung
$U_{CE\,sat}$	Kollektor-Emitter-Sättigungs-spannung
$ü$	Übersteuerungsfaktor (2 … 5)
R_v	Basisvorwiderstand
R_L	Lastwiderstand
B_{min}	minimale Stromverstärkung

$$I_C = \frac{U_b - U_{CE\,sat}}{R_L}$$

$$I_{B\,min} = \frac{I_C}{B_{min}}$$

$$I_B = ü \cdot I_{B\,min}$$

$$I_B = \frac{ü \cdot I_C}{B_{min}}$$

$$R_v = \frac{(U_1 - U_{BE\,sat}) \cdot B_{min}}{ü \cdot I_C}$$

13.5 Kippschaltungen

Astabile Kippschaltung

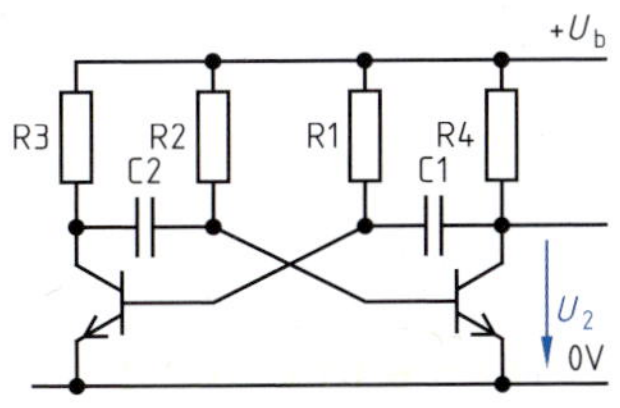

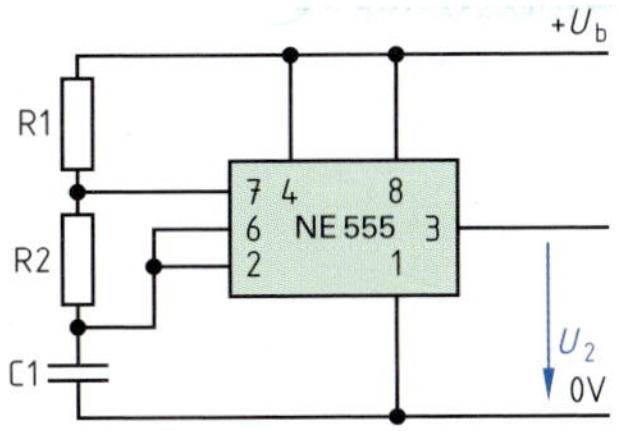

t_p	Pausendauer
t_i	Impulsdauer
R_1, R_2	Basisvorwiderstände
C_1, C_2	Kapazität der Rückkopplungs-kondensatoren
T	Pulsperiodendauer
g	Tastgrad
f	Taktfrequenz

R_1, R_2	Ladewiderstände
C_1	Ladekondensator
t_i	Impulsdauer
t_p	Pausendauer

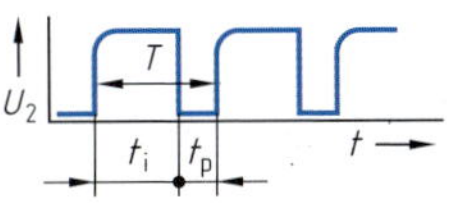

Schaltung mit Transistoren

$$t_p = 0{,}69 \cdot R_1 \cdot C_1$$

$$t_i = 0{,}69 \cdot R_2 \cdot C_2$$

$$T = t_p + t_i\,; \qquad g = \frac{t_i}{T}$$

$$f = \frac{1}{0{,}69 \cdot (R_1 \cdot C_1 + R_2 \cdot C_2)}$$

Schaltung mit NE 555

$$t_i = 0{,}69 \cdot (R_1 + R_2) \cdot C_1$$

$$t_p = 0{,}69 \cdot R_2 \cdot C_1$$

$$T = 0{,}69 \cdot (R_1 + 2 \cdot R_2) \cdot C_1$$

Monostabile Kippschaltung

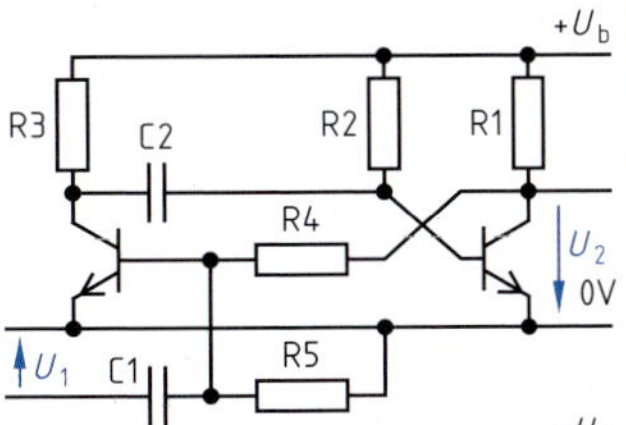

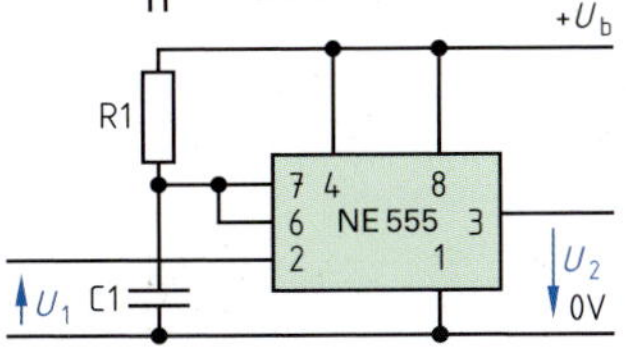

t_i	Impulsdauer
t_p	Pausendauer
R_2	Ladewiderstand für Impuls-dauer
R_3	Ladewiderstand für Pausen-dauer
C_2	Kapazität des Ladekonden-sators

R_1	Ladewiderstand
C_1	Ladekondensator
t_i	Impulsdauer

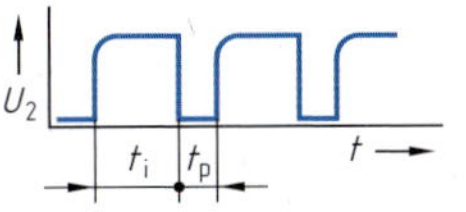

Schaltung mit Transistoren

$$t_i = 0{,}69 \cdot R_2 \cdot C_2$$

$$t_p \geq 5 \cdot R_3 \cdot C_2$$

Schaltung mit NE 555

$$t_i = 1{,}1 \cdot R_1 \cdot C_1$$

Schmitt-Trigger

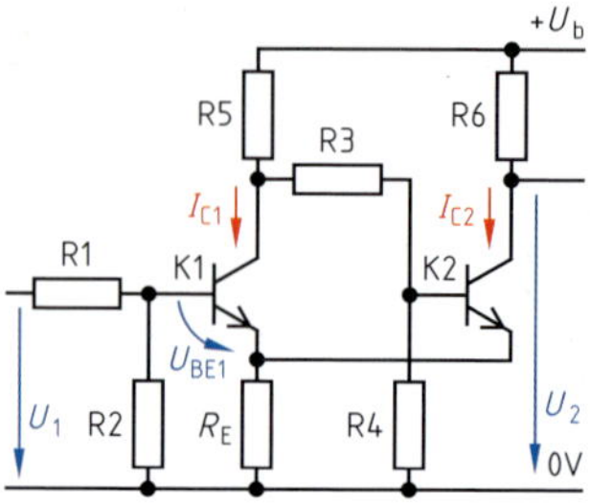

U_{1e}	Einschaltspannung
U_{1a}	Ausschaltspannung
ΔU_1	Schaltdifferenz (Hysterese)
U_{BE1}	Basis-Emitter-Spannung des Transistors K1
I_{C1}	Kollektorstrom des Transistors K1
I_{C2}	Kollektorstrom des Transistors K2
R_E	Emitterwiderstand

$$U_{1e} = I_{C2} \cdot R_E + U_{BE1}$$

$$U_{1a} = I_{C1} \cdot R_E + U_{BE1}$$

$$\Delta U_1 = U_{1e} - U_{1a}$$

$$\Delta U_1 = (I_{C2} - I_{C1}) \cdot R_E$$

NAND-Schmitt-Trigger SN 7414

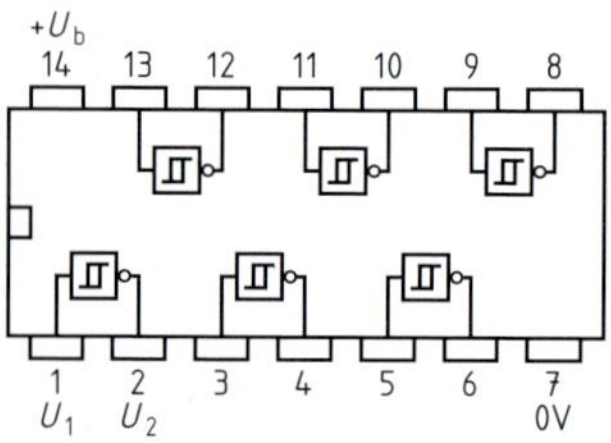

ΔU_1	Schaltdifferenz (Hysterese)
U_b	Betriebsspannung (5 V)
U_{1e}	Einschaltspannung
U_{1a}	Ausschaltspannung
U_{2H}	Ausgangsspannung (3,4 V) wenn $U_1 \leq U_{1a}$ (1,7 V)
U_{2L}	Ausgangsspannung (0,2 V) wenn $U_1 \geq U_{1e}$ (0,9 V)

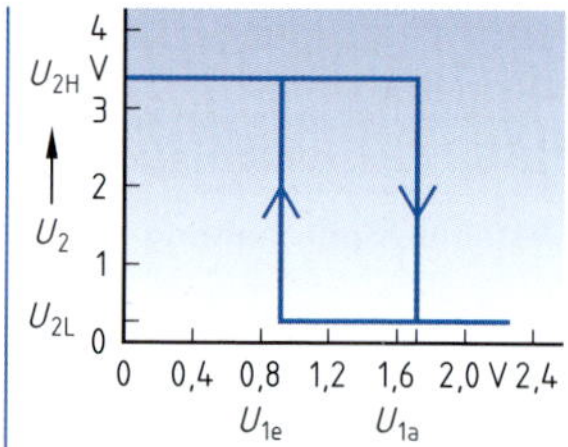

$$\Delta U_1 = U_{1e} - U_{1a}$$

13.6 Gleichrichterschaltungen

Gleichrichterschaltungen für Wechselstrom

Großbuchstaben immer Effektivwerte
Kleinbuchstaben Momentanwerte

Einpuls-Einwegschaltung (E1U)

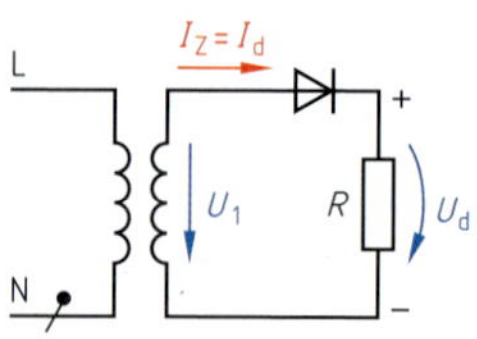

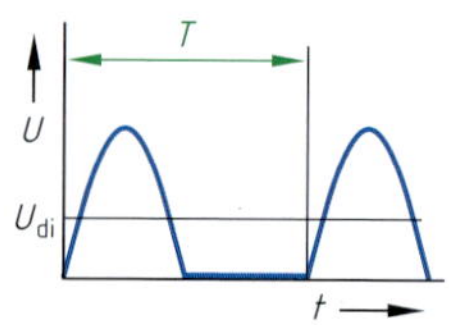

U_1	Anschlussspannung
U_{di}	ideelle Leerlauf-Gleichspannung
I_d	Gleichstrom
I_Z	Strom im Gleichrichterzweig
P_T	Transformator-Bauleistung
P_d	Gleichstromleistung
U_d	Gleichspannung bei Belastung

$$\frac{U_{di}}{U_1} = 0{,}45$$

$$\frac{P_T}{P_d} = 3{,}1$$

$$\frac{I_Z}{I_d} = 1$$

Zweipuls-Mittelpunktschaltung (M2U)

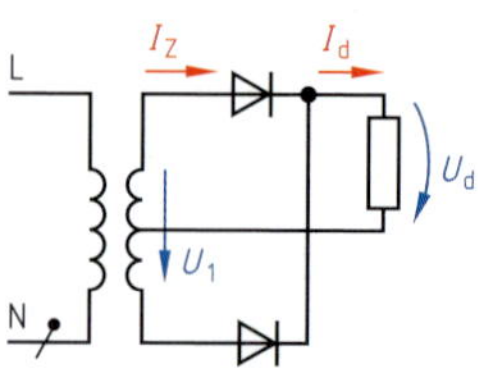

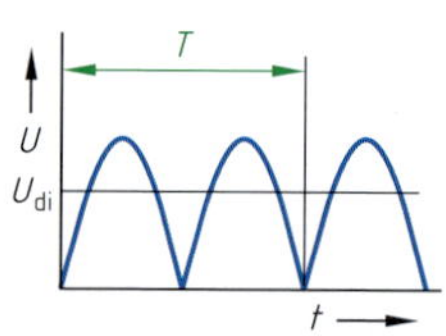

U_1	Anschlussspannung
U_{di}	ideelle Leerlauf-Gleichspannung
I_d	Gleichstrom
I_Z	Strom im Gleichrichterzweig
P_T	Transformator-Bauleistung
P_d	Gleichstromleistung
U_d	Gleichspannung bei Belastung

$$\frac{U_{di}}{U_1} = 0{,}45$$

$$\frac{P_T}{P_d} = 1{,}5$$

$$\frac{I_Z}{I_d} = \frac{1}{2}$$

Zweipuls-Brückenschaltung (B2U)

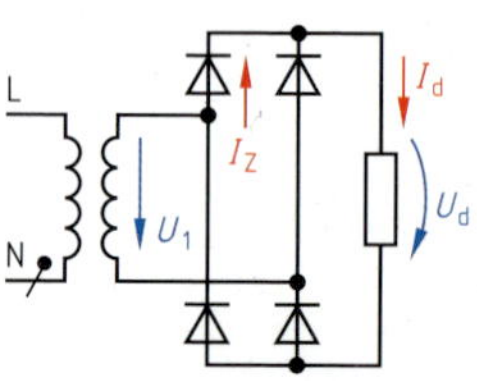

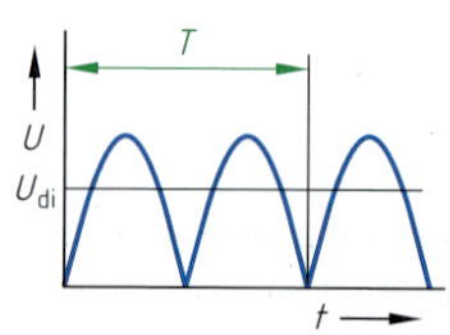

Effektivwert

U_1	Anschlussspannung
U_{di}	ideelle Leerlauf-Gleichspannung
I_d	Gleichstrom
I_Z	Strom im Gleichrichterzweig
P_T	Transformator-Bauleistung
P_d	Gleichstromleistung
U_d	Gleichspannung bei Belastung

$$\frac{U_{di}}{U_1} = 0{,}9$$

$$\frac{P_T}{P_d} = 1{,}23$$

$$\frac{I_Z}{I_d} = \frac{1}{2}$$

13 Elektronik

Gleichrichterschaltungen für Drehstrom

Dreipuls-Mittelpunktschaltung M3U

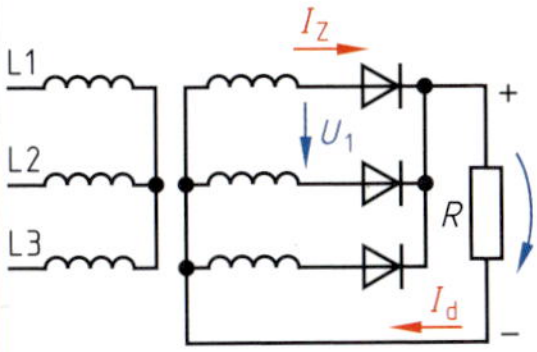

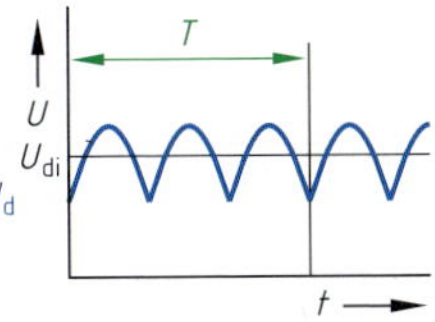

- U_1 Anschlussspannung
- U_{di} ideelle Leerlauf-Gleichspannung
- I_d Gleichstrom
- I_Z Strom im Gleichrichterzweig
- P_T Transformator-Bauleistung
- P_d Gleichstromleistung
- U_d Gleichspannung bei Belastung

$$\frac{U_{di}}{U_1} = 0{,}675$$

$$\frac{P_T}{P_d} = 1{,}5$$

$$\frac{I_Z}{I_d} = \frac{1}{3}$$

Doppel-Dreipuls-Mittelpunktschaltung M3U2P

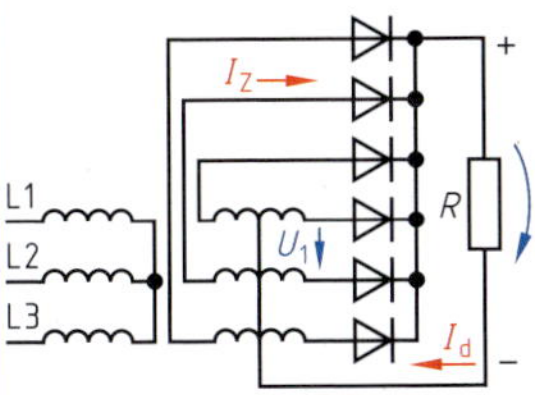

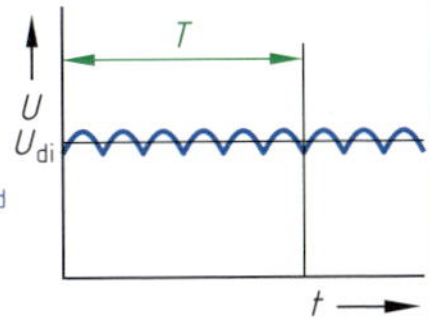

- U_1 Anschlussspannung
- U_{di} ideelle Leerlauf-Gleichspannung
- I_d Gleichstrom
- I_Z Strom im Gleichrichterzweig
- P_T Transformator-Bauleistung
- P_d Gleichstromleistung
- U_d Gleichspannung bei Belastung

$$\frac{U_{di}}{U_1} = 0{,}58$$

$$\frac{P_T}{P_d} = 1{,}3$$

$$\frac{I_Z}{I_d} = \frac{1}{3}$$

Sechspuls-Brückenschaltung B6U

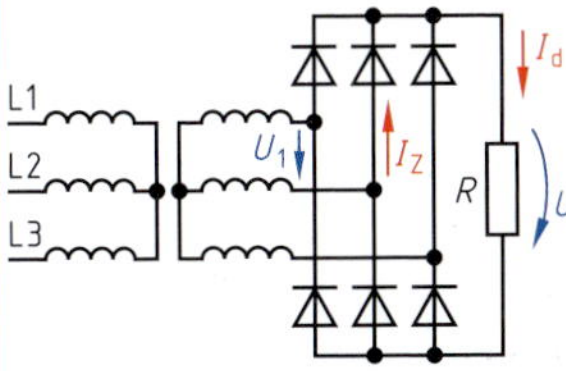

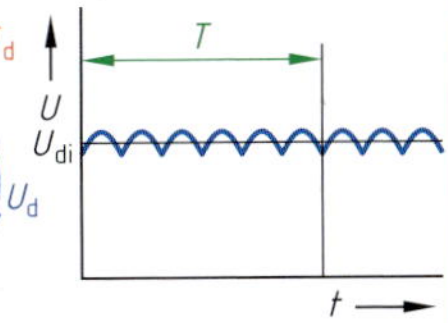

- U_1 Anschlussspannung
- U_{di} ideelle Leerlauf-Gleichspannung
- I_d Gleichstrom
- I_Z Strom im Gleichrichterzweig
- P_T Transformator-Bauleistung
- P_d Gleichstromleistung
- U_d Gleichspannung bei Belastung

$$\frac{U_{di}}{U_1} = 1{,}35$$

$$\frac{P_T}{P_d} = 1{,}1$$

$$\frac{I_Z}{I_d} = \frac{1}{3}$$

13.7 Glättung und Siebung

Glättung der gleichgerichteten Spannung

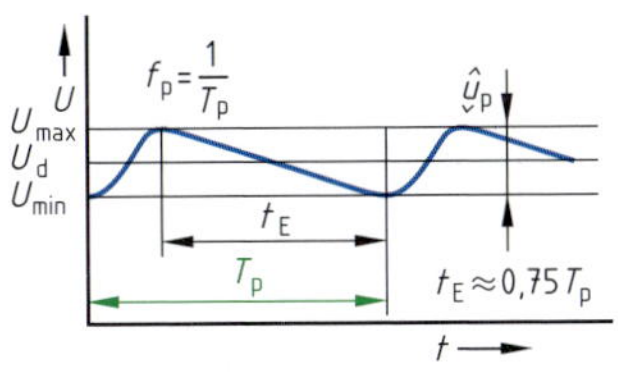

- U_p Brummspannung (Effektivwert)
- $\hat{\check{u}}_p$ Brummspannung (Spitze-Tal)
- f_p Brummfrequenz (Pulsfrequenz)
- f Netzfrequenz
- z_p Pulszahl je Periode
- T_p Periodendauer von U_p
- I_d Laststrom
- C_G Glättungskapazität in F (Farad)

$$U_p = \frac{\hat{\check{u}}_p}{2 \cdot \sqrt{3}}$$

$$f_p = f \cdot z_p \qquad T_p = \frac{1}{f_p}$$

$$\hat{\check{u}}_p = \frac{0{,}75 \cdot I_d}{f_p \cdot C_G}$$

RC-Siebung

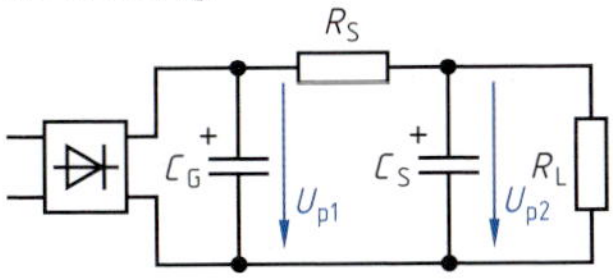

LC-Siebung

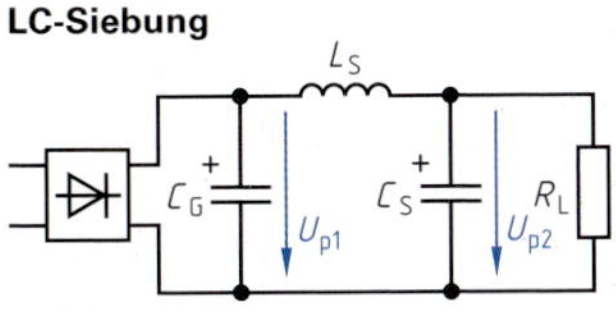

- f_p Brummfrequenz (Pulsfrequenz)
- f Wechselspannungsfrequenz
- z_p Pulszahl pro Periode
- ω_p Pulskreisfrequenz
- s Siebfaktor
- U_{p1} Brummspannung an C_G
- U_{p2} Brummspannung an C_S
- R_s Siebwiderstand
- C_s Kapazität des Siebkondensators
- L_s Siebinduktivität (Siebdrossel)

$$f_p = f \cdot z_p \qquad \omega_p = 2\,\pi \cdot f_p$$

RC-Siebung

$$s = \frac{U_{p1}}{U_{p2}}; \qquad s = \omega_p \cdot R_s \cdot C_s$$

LC-Siebung

$$s = \frac{U_{p1}}{U_{p2}}; \qquad s = \omega_p^{\,2} \cdot L_s \cdot C_s$$

13.8 Spannungsstabilisierung

Spannungsstabilisierung mit Begrenzerdiode (Z-Diode)

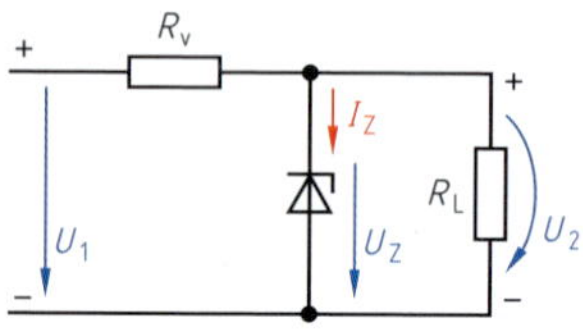

- P_{tot} Verlustleistung
- U_1 Eingangsspannung
- U_Z Ausgangsspannung (Z-Spannung)
- I_Z Z-Strom
- I_L Laststrom
- R_v Vorwiderstand

$I_{Z\,max} = \frac{P_{tot}}{U_Z}$

$$P_{tot} = U_Z \cdot I_{Z\,max}$$

$$R_{v\,max} = \frac{U_{1\,min} - U_Z}{I_{Z\,min} + I_{L\,max}}$$

$$R_{v\,min} = \frac{U_{1\,max} - U_Z}{I_{Z\,max} + I_{L\,min}}$$

$$I_{Z\,min} \approx 0{,}1 \cdot I_{Z\,max}$$

Spannungsstabilisierung mit Reihentransistor

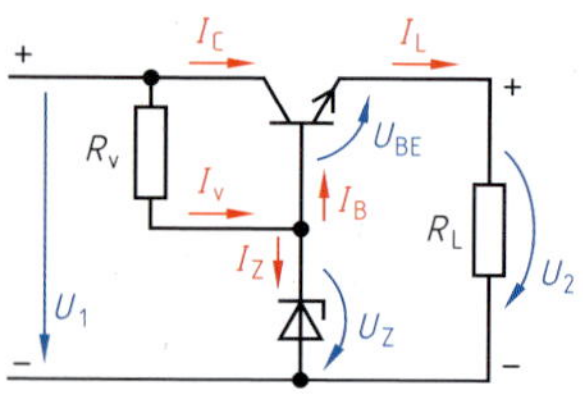

- U_1 Eingangsspannung
- U_2 Ausgangsspannung
- U_{BE} Basis-Emitter-Spannung
- U_{CE} Kollektor-Emitter-Spannung
- U_Z Z-Spannung
- I_C Kollektorstrom
- I_L Laststrom
- I_Z Z-Strom
- I_B Basisstrom
- R_v Vorwiderstand
- R_L Lastwiderstand
- B Gleichstromverhältnis
- P_v Verlustleistung (Transistor)

$$U_2 = U_Z - U_{BE} \qquad I_L = B \cdot I_B$$

$$R_{L\,min} = \frac{U_2}{I_{C\,max}}$$

$$R_v = \frac{U_1 - U_Z}{I_Z + I_B}$$

$$P_v = U_{CE} \cdot I_C$$

$$U_{1\,max} = R_v \cdot (I_{Z\,max} + I_B) + U_2$$

Spannungsstabilisierung mit LM 317

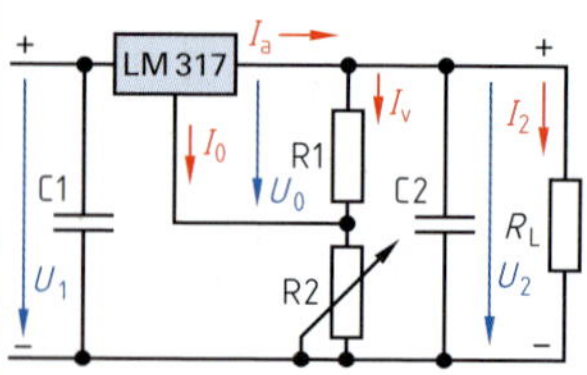

- U_0 Referenzspannung (1,25 V)
- U_1 Eingangsspannung
- U_2 Ausgangsspannung
- R_1, R_2 Spannungsteilerwiderstände ($R_1 = 240\ \Omega$)
- I_a Ausgangsstrom
- I_0 Referenzstrom
- I_2 Laststrom
- I_v Vorstrom (≥ 5 mA)

$$U_2 = U_0 + \frac{R_2 \cdot U_0}{R_1} + I_0 \cdot R_2$$

$$R_2 = \frac{U_2 - U_0}{\frac{U_0}{R_1} + I_0}$$

$$I_2 = I_a - I_v$$

Ausgangsspannungs-Restschwankung

- S Stabilisierungsfaktor
- G Glättungsfaktor
- U_1 Eingangsspannung
- U_2 Ausgangsspannung
- ΔU_1 Eingangsspannungsschwankung
- ΔU_2 Ausgangsspannungs-Restschwankung
- R_v Vorwiderstand
- r_z Widerstand der Z-Diode

$$S = \frac{\Delta U_1 \cdot U_2}{\Delta U_2 \cdot U_1}; \quad S = \frac{(R_v + r_z) \cdot U_2}{r_z \cdot U_1}$$

$$G = 1 + \frac{R_v}{r_z}$$

$$\Delta U_2 = \frac{\Delta U_1 \cdot r_z}{R_v + r_z}$$

13.9 Kühlung von elektronischen Halbleiterbauelementen

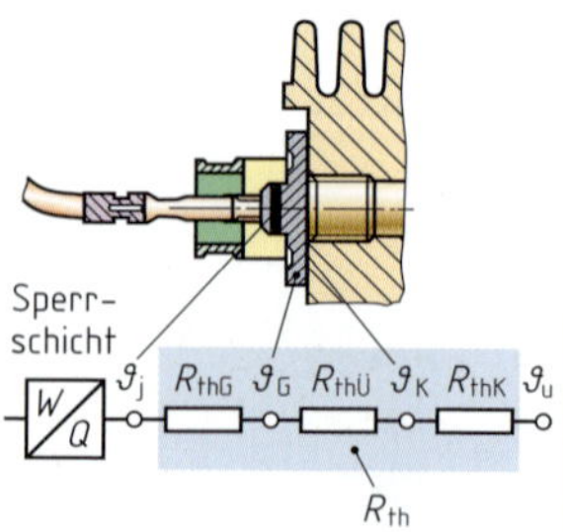

- R_{th} therm. Widerstand
- G_{th} therm. Leitwert, Wärmeleitwert
- $\Delta\vartheta$ Temperaturänderung
- P Verlustleistung
- R_{thG} therm. Widerstand zwischen Sperrschicht und Gehäuse
- $R_{thÜ}$ therm. Widerstand zwischen Gehäuse und Kühlkörper (Übergangs-Widerstand)
- R_{thK} therm. Widerstand zwischen Kühlkörper und Kühlmittel
- ϑ_j Sperrschichttemperatur
- ϑ_U Umgebungstemperatur

$$R_{th} = \frac{1}{G_{th}} \qquad R_{th} = \frac{\Delta\vartheta}{P_v}$$

$$R_{thK} \leq \frac{\vartheta_j - \vartheta_U}{P_v} - R_{thG} - R_{thÜ}$$

$\vartheta_j > \vartheta_U$

$$P_v = \frac{\vartheta_j - \vartheta_U}{R_{th}}$$

$$[R_{th}] = \frac{K}{W} \qquad [G_{th}] = \frac{W}{K}$$

13.10 Leistungselektronik

Gesteuerte Gleichrichter

Halbgesteuerte Zweipuls-Brückenschaltung (B2H)

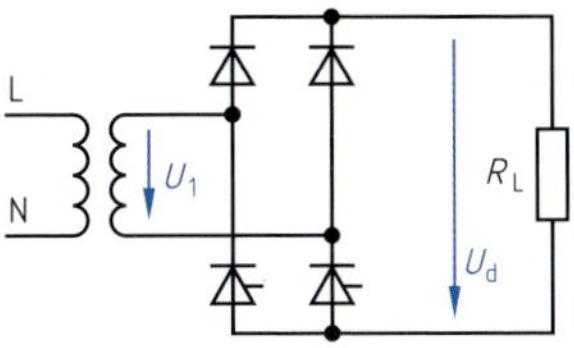

- α Zündwinkel
- $U_{d\alpha}$ Gleichspannung (arith. Mittelwert) bei $\alpha \neq 0°$
- U_{d0} Gleichspannung bei $\alpha = 0°$
- U_1 Anschlussspannung (Effektivwert)

$$U_{d\alpha} = U_{d0} \cdot \frac{1 + \cos\alpha}{2}$$

$$U_{d0} = 0{,}9 \cdot U_1$$

Vollgesteuerte Sechspuls-Brückenschaltung (B6C)

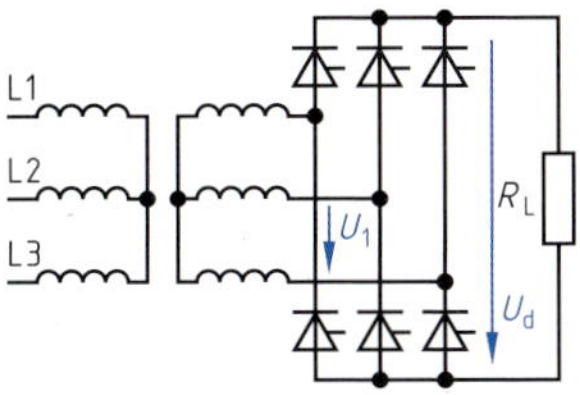

- α Zündwinkel
- $U_{d\alpha}$ Gleichspannung (arith. Mittelwert) bei $\alpha \neq 0°$
- U_{d0} Gleichspannung bei $\alpha = 0°$
- U_1 Anschlussspannung (Effektivwert)

$$U_{d0} = 1{,}35 \cdot U_1$$

Bei $\alpha \leq 60°$:

$$U_{d\alpha} = U_{d0} \cdot \cos\alpha$$

Bei $60° < \alpha \leq 120°$:

$$U_{d\alpha} = U_{d0} \cdot [1 + \cos(\alpha + 60°)]$$

Vollgesteuerte Dreipuls-Mittelpunktschaltung (M3C)

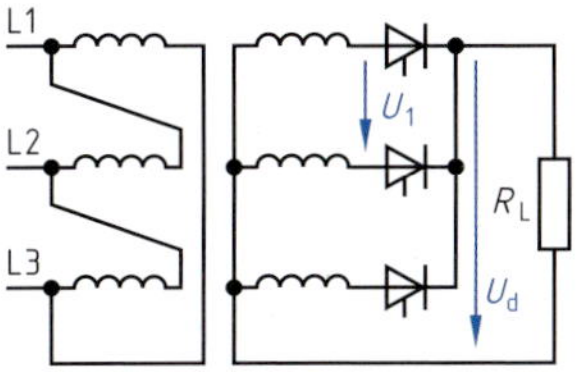

- α Zündwinkel
- $U_{d\alpha}$ Gleichspannung (arith. Mittelwert) bei $\alpha \neq 0°$
- U_{d0} Gleichspannung bei $\alpha = 0°$
- U_1 Anschlussspannung (Effektivwert)

$$U_{d0} = 0{,}675 \cdot U_1$$

Bei $\alpha \leq 30°$:

$$U_{d\alpha} = U_{d0} \cdot \cos\alpha$$

Bei $30° < \alpha \leq 150°$:

$$U_{d\alpha} = U_{d0} \frac{1 + \cos(\alpha + 30°)}{\sqrt{3}}$$

Wechselstromsteller mit Triac

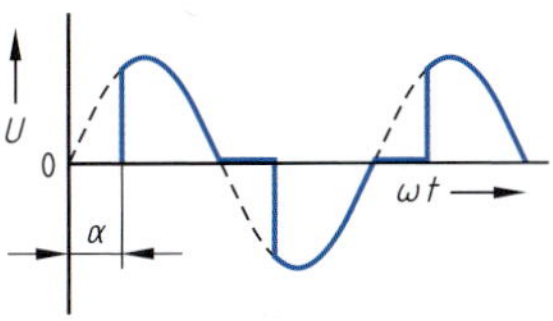

- U_α, I_α Effektivwert beim Zündwinkel $\alpha \neq 0°$
- U_0, I_0 Effektivwert beim Zündwinkel $\alpha = 0°$
- α Zündwinkel
- P_α Leistung beim Zündwinkel $\alpha \neq 0°$
- R Lastwiderstand

$$U_{d\alpha} = U_0 \cdot \sqrt{1 - \frac{\alpha}{180°} + \frac{\sin(2\alpha)}{2\pi}}$$

$$I_\alpha = I_0 \cdot \sqrt{1 - \frac{\alpha}{180°} + \frac{\sin(2\alpha)}{2\pi}}$$

$$P_\alpha = U_\alpha \cdot I_\alpha$$

$$P_\alpha = \frac{U_\alpha^2}{R} = I_\alpha^2 \cdot R$$

Vielperiodensteuerung (Schwingungspaketsteuerung)

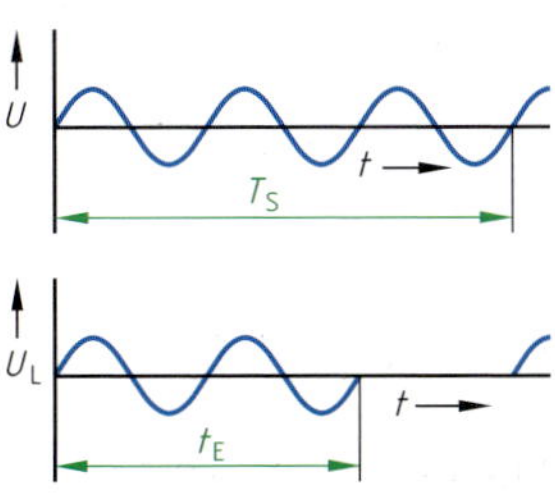

- P_0 Leistung ohne Schwingungspaketsteuerung
- U, I Effektivwerte
- P Leistung bei der Schwingungspaketsteuerung
- t_E Dauer der Einschaltung am Verbraucher
- T_S Dauer der Schaltperiode
- $\cos\varphi$ Wirkfaktor

$$P_0 = U \cdot I \cdot \cos\varphi$$

$$P = \frac{t_E}{T_S} \cdot P_0$$

13 Elektronik

13.11 Operationsverstärker

Invertierender Verstärker

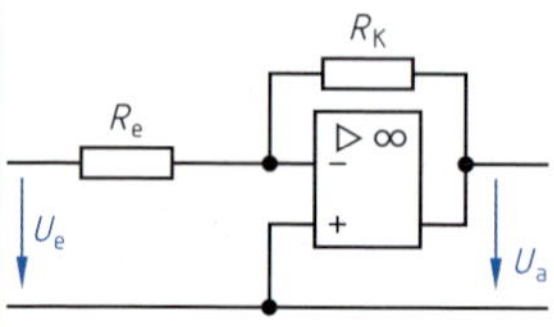

V	Spannungsverstärkungsfaktor
R_K	Rückkopplungswiderstand
R_e	Eingangswiderstand
U_a	Ausgangsspannung
U_e	Eingangsspannung

$$V = \frac{U_a}{U_e}$$

$$V = -\frac{R_K}{R_e}$$

$$U_a = -\frac{R_K}{R_e} \cdot U_e$$

Nichtinvertierender Verstärker

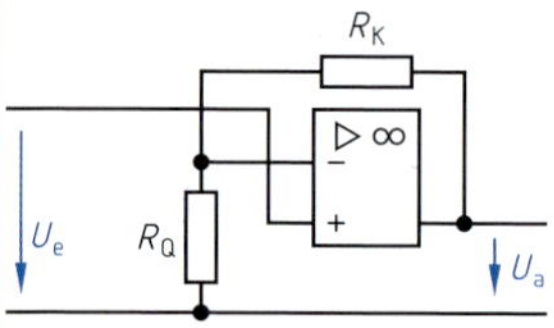

V	Spannungsverstärkungsfaktor
R_K	Rückkopplungswiderstand
R_Q	Querwiderstand
U_a	Ausgangsspannung
U_e	Eingangsspannung

$$V = \frac{U_a}{U_e}$$

$$V = 1 + \frac{R_K}{R_Q}$$

$$U_a = \left(1 + \frac{R_K}{R_Q}\right) \cdot U_e$$

Differenzverstärker (Subtrahierer)

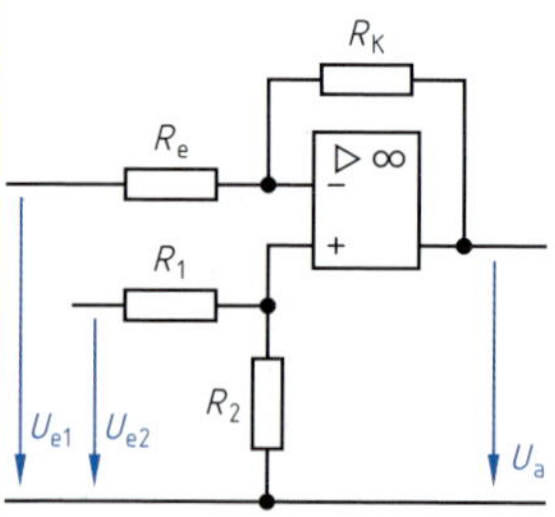

V_1	Spannungsverstärkungsfaktor am invertierenden Eingang (–)
V_2	Spannungsverstärkungsfaktor am nichtinvert. Eingang (+)
U_{e1}	Spannung am invertierenden Eingang (–)
U_{e2}	Spannung am nichtinvertierenden Eingang (+)
U_a	Ausgangsspannung
R_e, R_1	Eingangswiderstand
R_2	Beschaltungswiderstand
R_K	Rückkopplungswiderstand

$$V_1 = \frac{U_a}{U_{e1}} \quad \text{(bei } U_{e2} = 0\text{ V)}$$

$$V_1 = -\frac{R_K}{R_e}$$

$$V_2 = \frac{U_a}{U_{e2}} \quad \text{(bei } U_{e1} = 0\text{ V)}$$

$$V_2 = \frac{1 + \frac{R_K}{R_e}}{1 + \frac{R_1}{R_2}}$$

$$U_a = V_2 \cdot U_{e2} + V_1 \cdot U_{e1}$$

Summierverstärker (Addierer)

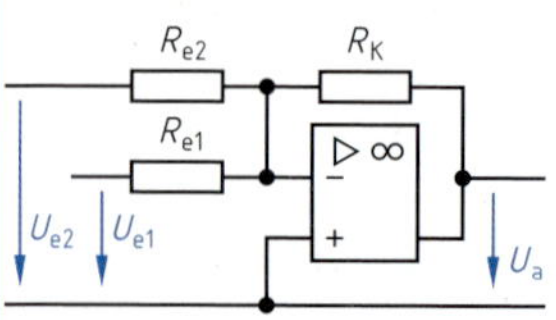

R_K	Rückkopplungswiderstand
$R_{e1} \ldots R_{en}$	Eingangswiderstände
$U_{e1} \ldots U_{en}$	Eingangsspannungen
U_a	Ausgangsspannung
$V_1 \ldots V_n$	Spannungsverstärkungsfaktoren der Eingänge 1 … n

$$V_1 = -\frac{R_K}{R_{e1}}$$

$$V_2 = -\frac{R_K}{R_{e2}}$$

$$U_a = V_1 \cdot U_{e1} + V_2 \cdot U_{e2} + \ldots$$

Differenzierer

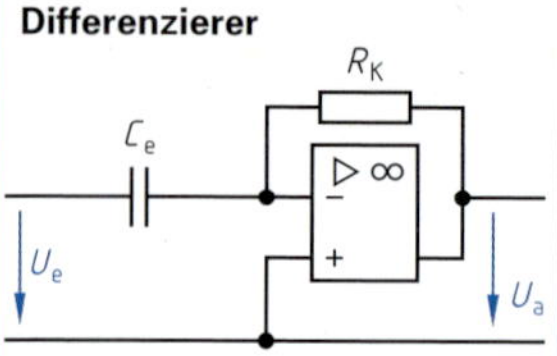

V	Verstärkungsfaktor für $U_\sim$
f	Frequenz
R_K	Rückkopplungswiderstand
C_e	Eingangskondensator
U_a	Ausgangsspannung
Δu_e	Eingangsspannungsänderung
Δt	Zeit für Δu_e

$$V = 2\pi \cdot f \cdot R_K \cdot C_e$$

Für linear ansteigende Eingangsspannung gilt:

$$U_a = -R_K \cdot C_e \frac{\Delta u_e}{\Delta t}$$

Integrierer

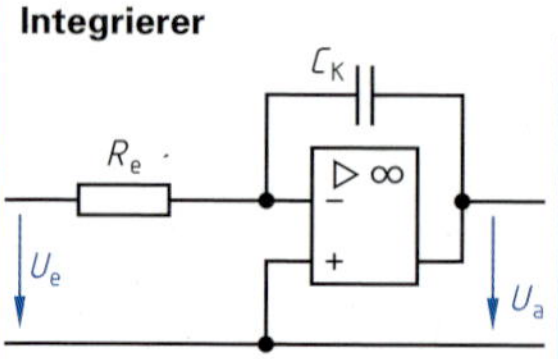

V	Verstärkungsfaktor für $U_\sim$
f	Frequenz
C_K	Rückkopplungskondensator
R_e	Eingangswiderstand
Δu_a	Ausgangsspannungsänderung
U_2	Eingangsspannung
Δt	Zeitdauer der Änderung

$$V = \frac{1}{2\pi \cdot f \cdot R_e \cdot C_K}$$

Für Rechteckspannung gilt:

$$\Delta u_a = -\frac{U_e}{R_e \cdot C_K} \cdot \Delta t$$

14 Regelungstechnik

14.1 Regelstrecken

Proportionalstrecke (P-Strecke)

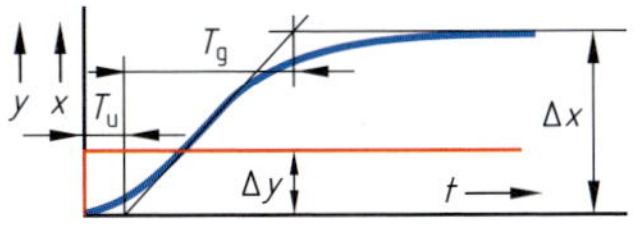

K_S	Übertragungsbeiwert der Proportionalstrecke
Δx	Änderung der Regelgröße
Δy	Änderung der Stellgröße
T_u	Verzugszeit
T_g	Ausgleichszeit

$$K_S = \frac{\Delta x}{\Delta y}$$

schlecht regelbar $\Leftarrow 3 \geq \frac{T_g}{T_u} \geq 10 \Rightarrow$ gut regelbar

Integralstrecke (I-Strecke)

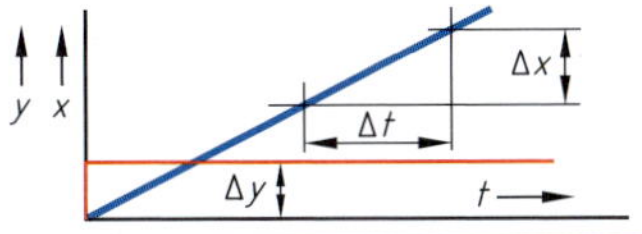

K_{IS}	Übertragungsbeiwert der Integralstrecke
Δx	Änderung der Regelgröße
Δy	Änderung der Stellgröße
Δt	Zeitdauer der Regelgrößenänderung

$$K_{IS} = \frac{\Delta x}{\Delta t \cdot \Delta y}$$

14.2 Unstetiges Regeln (bei 100 % Leistungsüberschuss)

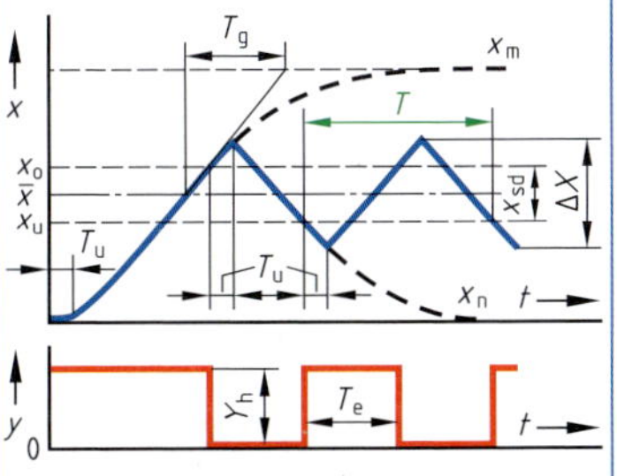

$\bar{x}$	Sollwert der Regelgröße (Mittelwert)
x_m	oberer Grenzwert, Beharrungswert
x_n	unterer Grenzwert, Anfangswert
ΔX	Schwankungsbreite der Regelgröße
x_{sd}	Schaltdifferenz des Reglers
Y_h	Stellbereich
T_g	Ausgleichszeit
T_u	Verzugszeit
K_S	Übertragungsbeiwert der Regelstrecke
T	Periodendauer

$$\bar{x} = \frac{x_m - x_n}{2}$$

$$\Delta X = x_{sd} + \frac{K_S \cdot Y_h}{T_g} \cdot T_u$$

$$K_S = \frac{x_m - x_n}{Y_h}$$

$$T = 4 \cdot \left(\frac{x_{sd} \cdot T_g}{K_S \cdot Y_h} + T_u\right)$$

14.3 Stetiges Regeln

P-Regler

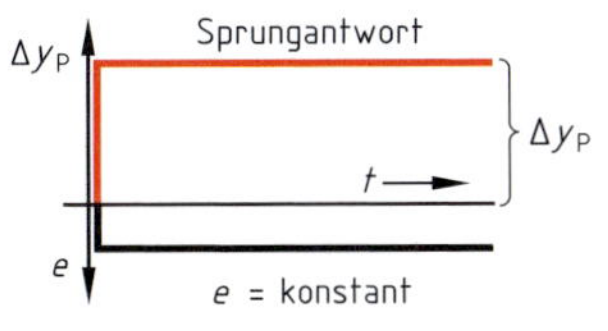

Δy_P	P-Verstellung
K_{PR}	P-Übertragungsbeiwert
e	Regeldifferenz
w	Sollwert, Führungsgröße
x	Istwert, Regelgröße
Y_h	Stellbereich
X_p	Proportionalbereich
Δy	Änderung der Stellgröße
V_R	Reglerverstärkung

Für alle Regler mit P-Anteil gilt:

$$\Delta y_p = K_{PR} \cdot e \qquad e = w - x$$

$$K_{RP} = \frac{Y_h}{X_p} \qquad V_R = \frac{\Delta y}{e}$$

PI-Regler

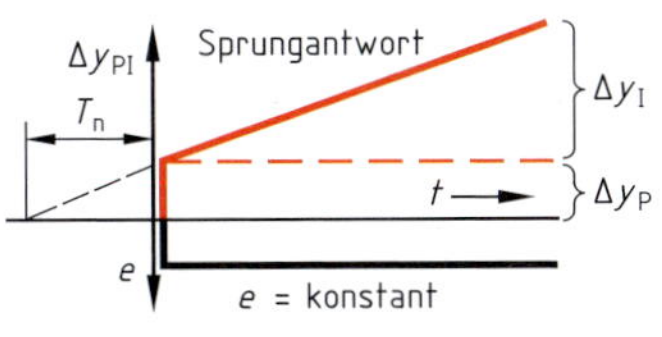

Δy_I	I-Verstellung
Δy_P	P-Verstellung
Δy_{PI}	PI-Verstellung
K_{RI}	I-Übertragungsbeiwert
K_{RP}	P-Übertragungsbeiwert
e	Regeldifferenz
T_n	Nachstellzeit
t	Zeitdauer
v_{yI}	I-Stellgeschwindigkeit

$$\Delta y_I = K_{RI} \cdot e \cdot t \qquad \Delta y_I = v_{yI} \cdot t$$

$$K_{RI} = \frac{v_{yI}}{e} \qquad K_{RI} = \frac{K_{RP}}{T_n}$$

$$\Delta y_{PI} = \Delta y_p + \Delta y_I$$

$$\Delta y_{PI} = K_{RP} \cdot e \cdot \left(1 + \frac{t}{T_n}\right)$$

PD-Regler

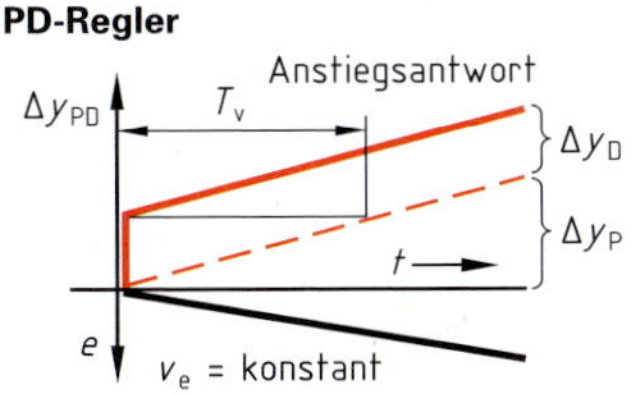

Δy_D	D-Verstellung
Δy_P	P-Verstellung
Δy_{PD}	PD-Verstellung
K_{RD}	D-Übertragungsbeiwert
K_{RP}	P-Übertragungsbeiwert
e	Regeldifferenz
T_v	Vorhaltezeit
t	Zeitdauer
v_e	x-Änderungsgeschwindigkeit

$$\Delta y_D = K_{RD} \cdot \frac{e}{t} \qquad \Delta y_D = K_{RD} \cdot v_e$$

$$K_{RD} = \frac{\Delta y_D}{v_e} \qquad K_{RD} = K_{RP} \cdot T_v$$

$$\Delta y_{PD} = \Delta y_P + \Delta y_D$$

$$\Delta y_{PD} = K_{RP} \cdot v_e \cdot (t + T_v)$$

15 Messtechnik

15.1 Messfehler von Zeigermessgeräten

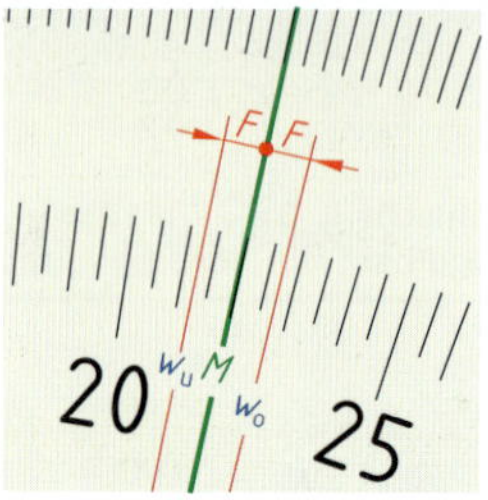

- F zulässiger absoluter Fehler, Messunsicherheit (Betrag)
- k Genauigkeitsklasse
- E Messbereichsendwert
- f relativer, prozentualer Fehler (Betrag)
- M Messwert, angezeigter Wert
- w_u zulässige Untergrenze des wahren Wertes
- w_o zulässige Obergrenze des wahren Wertes

$$F = \frac{k \cdot E}{100}$$

$$f = \frac{F \cdot 100\,\%}{M}$$

$$w_u = M - F$$

$$w_o = M + F$$

15.2 Messfehler von digitalen Messgeräten

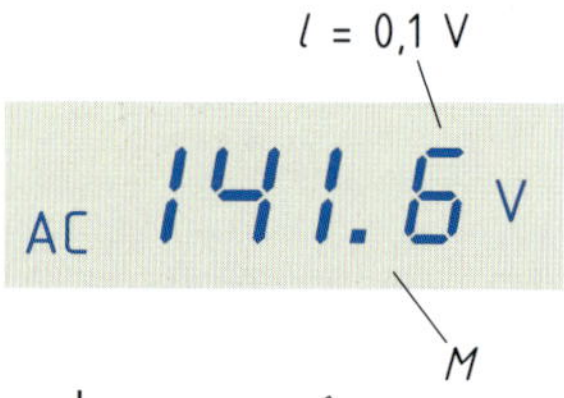

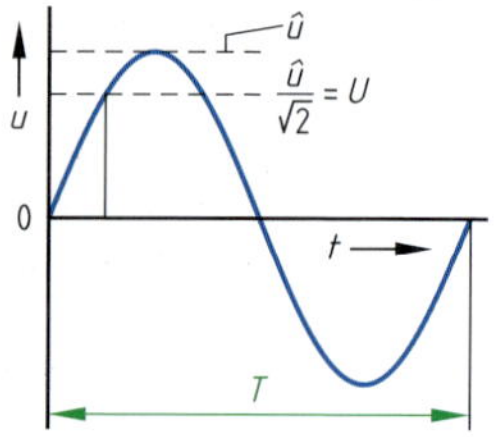

- F zulässiger absoluter Fehler, Messunsicherheit (Betrag)
- k prozentualer Anteil der Messunsicherheit
- M Messwert, angezeigter Wert
- z konstanter Anteil der Messunsicherheit in Digit
- l Auflösung der Digitalanzeige
- f relativer, prozentualer Fehler (Betrag)
- w_u zulässige Untergrenze des wahren Wertes
- w_o zulässige Obergrenze des wahren Wertes
- F_C Crestfaktor
- $\hat{u}$ Scheitelwert der Messgröße
- U Effektivwert der Messgröße

$$F = \frac{k \cdot M}{100} + z \cdot l$$

$$f = \frac{F \cdot 100\,\%}{M}$$

$$w_u = M - F$$

$$w_o = M + F$$

$$F_C = \frac{\hat{u}}{U}$$

Crestfaktoren für sinus- und nichtsinusförmige Spannungen: Seite 26

15.3 Messwertbestimmung sinusförmiger Größen mit dem Oszilloskop

Bestimmen der Spannung, der Periodendauer und der Frequenz

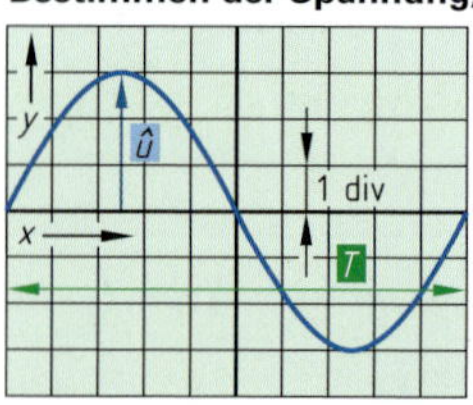

- x waagerechte Ablenkung in div
- y senkrechte Ablenkung in div
- A_x waagrechter Ablenkkoeffizient, z. B. in ms/div
- A_y senkrechter Ablenkkoeffizient, z. B. in V/div
- $\hat{u}$ Scheitelwert der Spannung
- U Effektivwert der Spannung
- T Periodendauer
- f Frequenz

$$\hat{u} = A_y \cdot y \qquad U = \frac{\hat{u}}{\sqrt{2}}$$

$$T = A_x \cdot x \qquad f = \frac{1}{T}$$

Bestimmen der Phasenverschiebung

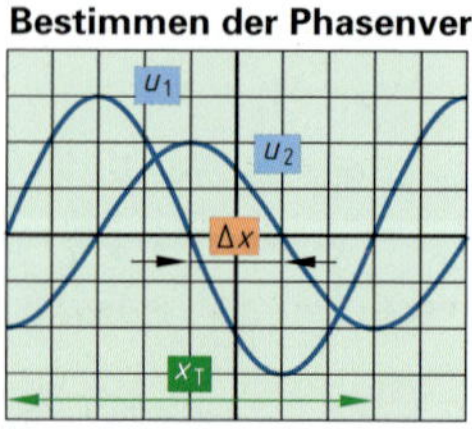

- φ Phasenverschiebungswinkel
- Δx Phasenverschiebung in div
- x_T Periodendauer in div

$$\varphi = \frac{\Delta x \cdot 360°}{x_T}$$

Bestimmen des Stromes

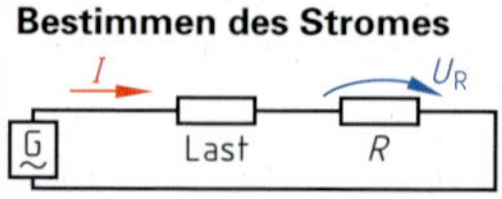

- R Messwiderstand, z. B. 1 Ω
- $\hat{u}_R$ Scheitelwert der Spannung an R
- $\hat{i}$ Scheitelwert des Stromes
- I Effektivwert des Stromes

$$\hat{i} = \frac{\hat{u}_R}{R} \qquad I = \frac{\hat{i}}{\sqrt{2}}$$

Messtechnik 15

Tabelle 1: Wichtige Formelzeichen, Größen und Einheiten – siehe vordere und hintere Umschlag-Innenseite

Tabelle 2: SI-Basisgrößen und SI-Basiseinheiten (Grundeinheiten)

Basisgröße	Formelzeichen	Einheit	Einheitenzeichen	Basisgröße	Formelzeichen	Einheit	Einheitenzeichen
Länge	l	Meter	m	**Stromstärke**	I	Ampere	A
Masse	m	Kilogramm	kg	**Temperatur**	T	Kelvin	K
Zeit	t	Sekunde	s				
Stoffmenge	ν	Mol	mol	**Lichtstärke**	I_v	Candela	cd

Tabelle 3: Vielfache und Teile von Einheiten

E	Exa	$= 10^{18} =$	1000000000000000000	(Trillion)
P	Peta	$= 10^{15} =$	1000000000000000	(Billiarde)
T	Tera	$= 10^{12} =$	1000000000000	(Billion)
G	Giga	$= 10^{9} =$	1000000000	(Milliarde)
M	Mega	$= 10^{6} =$	1000000	(Million)
k	Kilo	$= 10^{3} =$	1000	
h	Hekto	$= 10^{2} =$	100	
da	Deka	$= 10^{1} =$	10	
d	Dezi	$= 10^{-1} =$	0,1	
c	Zenti	$= 10^{-2} =$	0,01	
m	Milli	$= 10^{-3} =$	0,001	
μ	Mikro	$= 10^{-6} =$	0,000001	
n	Nano	$= 10^{-9} =$	0,000000001	
p	Piko	$= 10^{-12} =$	0,000000000001	
f	Femto	$= 10^{-15} =$	0,000000000000001	
a	Atto	$= 10^{-18} =$	0,000000000000000001	

Tabelle 4: Mathematische Zeichen

$=$	gleich	Δ	Differenz
$\neq$	ungleich	Σ	Summe
$\approx$	ungefähr gleich	$\parallel$	parallel
$\triangleq$	entspricht	$\perp$	rechtwinklig zu, senkrecht auf
$\sim$	proportional	$\rightarrow$	zugeordnet
$>$	größer als	∞	unendlich
$<$	kleiner als	$\measuredangle$	Winkel
$\geq$	größer oder gleich	$\overline{AB}$	Strecke AB
$\leq$	kleiner oder gleich	$\overset{\frown}{AB}$	Bogen AB
$\gg$	wesentlich größer als	log	Logarithmus (allgemein)
$\ll$	wesentlich kleiner als	$\log_a$	Logarithmus zur Basis a
$\Rightarrow$	aus … folgt	lg	Zehnerlogarithmus
$\Leftrightarrow$	ist äquivalent zu	ln	natürlicher Logarithmus, Basis e (e = 2,718 …)
$\wedge$	UND	$\sqrt{\ }$	Quadratwurzel aus
$\vee$	ODER		
$\lvert z\rvert$	Betrag von z		
%	Prozent		
‰	Promille		

Tabelle 5: Wichtige physikalische Konstanten

elektrische Feldkonstante	$\varepsilon_0 = 8{,}854 \cdot 10^{-12}$ As/Vm
magnetische Feldkonstante	$\mu_0 = 1{,}257 \cdot 10^{-6}$ Vs/Am
Lichtgeschwindigkeit	$c_0 = 2{,}998 \cdot 10^{8}$ m/s
Fallbeschleunigung, örtliche	$g = 9{,}81$ m/s^2
Faraday-Konstante	$F = 9{,}6485 \cdot 10^{4}$ As/mol
absoluter Nullpunkt	$\vartheta_0 = -273{,}15$ °C
Avogadro-Konstante	$N_A = 6{,}022 \cdot 10^{23}$ 1/mol

Elektron:	
Elementarladung	$e = 1{,}602 \cdot 10^{-19}$ As
Ruhemasse	$m_e = 0{,}9109 \cdot 10^{-27}$ g
spezifische Ladung	$\frac{e}{m_e} = 1{,}7588 \cdot 10^{8}$ As/g
Neutron:	
Ruhemasse	$m_n = 1{,}6748 \cdot 10^{-24}$ g
Proton:	
Ruhemasse	$m_p = 1{,}6725 \cdot 10^{-24}$ g
spezifische Ladung	$\frac{e}{m_p} = 9{,}5788 \cdot 10^{4}$ As/g
Atomare Masseneinheit u	$= 1{,}6602 \cdot 10^{-24}$ g

Tabelle 6: Griechisches Alphabet

$\alpha\ A$	$\beta\ B$	$\gamma\ \Gamma$	$\delta\ \Delta$	$\varepsilon\ E$	$\zeta\ Z$	$\eta\ H$	$\vartheta\ \Theta$	$\iota\ I$	$\varkappa\ K$	$\lambda\ \Lambda$	$\mu\ M$
Alpha	Beta	Gamma	Delta	Epsilon	Zeta	Eta	Theta	Jota	Kappa	Lambda	My
$\nu\ N$	$\xi\ \Xi$	$o\ O$	$\pi\ \Pi$	$\varrho\ P$	$\sigma\ \Sigma$	$\tau\ T$	$\upsilon\ Y$	$\varphi\ \Phi$	$\chi\ X$	$\psi\ \Psi$	$\omega\ \Omega$
Ny	Ksi	Omikron	Pi	Rho	Sigma	Tau	Ypsilon	Phi	Chi	Psi	Omega

Tabelle 7: Werkstoffwerte von Metallen (und Kohle)

Stoff	Kurzzeichen	Spezifischer Widerstand ϱ_{20} $\frac{\Omega \cdot mm^2}{m}$	Elektrische Leitfähigkeit γ $\frac{m}{\Omega \cdot mm^2}$	Dichte ϱ $\frac{kg}{dm^3}$	Temperaturkoeffizient α $\frac{1}{K}$	Längenausdehnungskoeffizient α_l in 10^{-6}/K (zwischen 0 und 100°C)	Spezif. Wärmekapazität c $\frac{kJ}{kg \cdot K}$	Schmelztemperatur °C
Aluminium	Al	0,0278	36	2,7	0,004	23,8	0,921	658
Blei	Pb	0,208	4,8	11,34	0,00422	29,4	0,130	327
Chrom	Cr	0,130	6,7	7,19	–	6,2	0,452	1890
Eisen (rein)	Fe	0,1	10	7,87	0,00657	11,5	0,461	1539
Gusseisen	GG	–	–	7,25	0,005	10,5	0,80	≈ 1200
Gold	Au	0,022	45,7	19,3	0,00398	14,2	0,130	1063
Kadmium	Cd	0,077	13	8,64	0,0042	29,4	0,234	321
Kobalt	Co	0,062	16,1	8,9	0,0066	12,6	0,419	1490
Kohle	–	100	0,01	2,0	– 0,0005	6,0	0,5	≈ 3540
Kupfer (99,9%)	Cu	0,0178	56	8,9	0,0039	17,0	0,389	1085
Lithium	Li	0,086	–	0,534	–	56	0,294	179
Magnesium	Mg	0,044	22,7	1,74	0,0041	26	1,047	650
Mg-Legierungen	–	0,08 … 0,05	12 … 20	≈ 1,8	≈ 0,0022	≈ 24,0	1,0	650
Mangan	Mn	1,85	0,54	7,43	0,0053	23,0	0,502	1245
Molybdän	Mo	0,047	21	10,2	0,0047	5,1	0,272	2620
Nickel	Ni	0,095	10,5	8,85	0,0055	13,0	0,461	1452
Platin	Pt	0,098	10,2	21,5	0,0038	9,0	0,134	1770
Quecksilber	Hg	0,9406	1,063	13,5	0,0009	γ = 182	0,138	– 38,9
Silber	Ag	0,0167	60	10,5	0,0041	19,3	0,234	960
Stahl								
· unleg. u. niedrig legiert	–	–	–	≈ 7,85	–	11,5	0,49	≈ 1440
· nichtrostend	–	–	–	7,8	–	16	0,50	1450
· nicht magnetisierbar	–	–	–	8,0	–	–	–	1450
Tantal	Ta	0,15	6,67	16,7	0,0034	6,5	0,14	3030
Titan	Ti	0,8	1,25	4,54	0,00564	8,4	5,46	1670
Wismut	Bi	1,07	0,94	9,8	0,0045	13,4	0,126	270
Wolfram	W	0,055	18,2	19,3	0,0046	4,5	0,142	3370
Zink	Zn	0,0625	16	7,14	0,0042	29,8	0,394	419
Zinn	Sn	0,115	8,7	7,28	0,00463	27	0,226	232

Tabelle 8: Werkstoffwerte von Legierungen

CuNi44 (Konstantan)	0,49	2,04	8,9	0,00004	15,2	0,410	1280
CuNi30Mn (Nickelin)	0,4	2,5	8,8	0,00015	16	0,398	1180
CuMn12Ni (Manganin)	0,43	2,33	8,4	0,00001	19,5	0,406	980
AlMgSi (Aldrey)	0,0328	30,5	2,7	0,0036	23	–	–

Tabelle 9: Elektrochemische Äquivalente und Wertigkeit

Werkstoff		Wertigkeit	Elektrochemisches Äquivalent c		Werkstoffe		Wertigkeit	Elektrochemisches Äquivalent c	
			in g/Ah	in mg/As				in g/Ah	in mg/As
Aluminium	Al	3	0,335	0,093	Magnesium	Mg	2	0,454	0,126
Blei	Pb	2	3,865	1,074	Nickel	Ni	2	1,095	0,304
Blei	Pb	4	1,932	0,5368	Platin	Pt	4	1,820	0,5055
Chrom	Cr	3	0,647	0,179	Quecksilber	Hg	2	3,742	1,039
Eisen	Fe	2	1,042	0,289	Quecksilber	Hg	1	7,484	2,079
Eisen	Fe	3	0,694	0,192	Silber	Ag	1	4,025	1,118
Gold	Au	1	7,349	2,0414	Zink	Zn	2	1,220	0,339
Gold	Au	3	2,452	0,681	Zinn	Sn	2	2,214	0,615
Kadmium	Cd	2	2,097	0,582	Zinn	Sn	4	1,107	0,3075
Kupfer	Cu	1	2,372	0,659	Sauerstoff	O	2	0,299	0,083
Kupfer	Cu	2	1,186	0,329	Wasserstoff	H	1	0,038	0,0105

Tabelle 10: Verlegearten von Kabeln und isolierten Leitungen

Nach DIN VDE 0298, Teil 4 (Auszug)

Verlegeart		Verlegebedingungen (Wichtige Beispiele)
A1	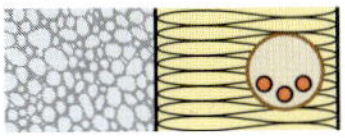	**Referenzverlegeart*: Verlegung in wärmegedämmten Wänden** • Aderleitungen im Elektroinstallationsrohr, • Aderleitungen in Formleisten oder In Formteilen.
A2	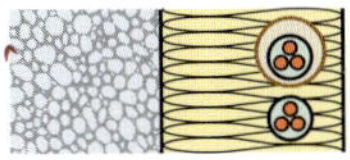	• Mehradrige Kabel oder mehradrige Mantelleitungen im Elektroinstallationsrohr, • mehradrige Kabel oder mehradrige Mantelleitungen in einer wärmegedämmten Wand.
B1	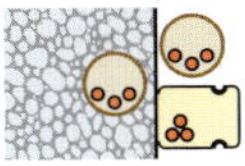	**Referenzverlegeart: Verlegung in Elektroinstallationsrohren** • Aderleitungen im Elektroinstallationsrohr auf oder in der Wand, • Aderleitungen, einadrige Kabel oder Mantelleitungen im Elektroinstallationskanal.
B2	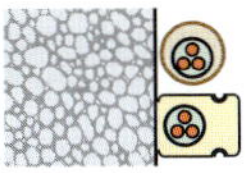	• Mehradrige Kabel oder Mantelleitungen im Elektroinstallationsrohr auf der Wand, • mehradrige Kabel oder Mantelleitungen im Elektroinstallationskanal, • mehradrige Kabel oder Mantelleitungen im Sockelleisten- oder im Unterflurkanal.
C	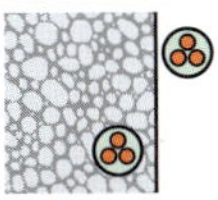	**Referenzverlegeart: Verlegung direkt auf dem Untergrund (Wand)** • Ein oder mehradrige Kabel oder Mantelleitungen auf oder in der Wand oder unter der Decke, • Stegleitungen im oder unter Putz.
D	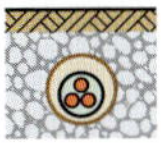	**Referenzverlegeart: Verlegung in der Erde** • Mehradrige Kabel oder mehradrige ummantelte Installationsleitung im Elektroinstallationsrohr oder im Kabelschacht in der Erde
E	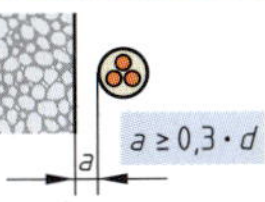	**Referenzverlegeart: Verlegung frei in der Luft** • Mehradrige Kabel oder mehradrige Mantelleitungen frei in der Luft verlegt mit einem Mindestabstand zur Wand $a \geq 0{,}3 \cdot d$ (d = Leitungsdurchmesser), • Kabel oder Leitungen auf gelochten Kabelrinnen oder auf Kabelkonsolen.
F	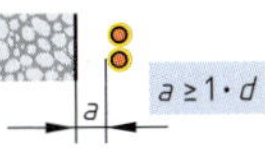	• Einadrige Kabel oder einadrige Mantelleitungen mit gegenseitiger Berührung verlegt mit einem Mindestabstand $a \geq 1 \cdot d$ zur Wand.
G	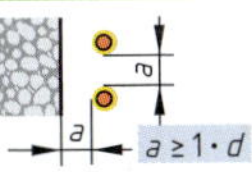	• Einadrige Kabel oder einadrige Mantelleitungen mit einem gegenseitigen Abstand $a \geq 1 \cdot d$ verlegt und einem Mindestabstand $a \geq 1 \cdot d$, • Blanke Leiter oder Aderleitungen auf Isolatoren.

* Referenzverlegeart: Merkmal der Verlegeart, z. B. in wärmegedämmten Wänden oder frei in der Luft

Tabelle 11: Bemessungswert I_r der Strombelastbarkeit von Kabeln und Leitungen für feste Verlegung in den Verlegearten A1, A2, B1, B2, C und D bei einer Umgebungstemperatur von 30°

Nach DIN VDE 0298, Teil 4

Verlegeart	A1		A2		B1		B2		C		D	
belastete Adern	2	3	2	3	2	3	2	3	2	3	2	3
Nennquerschnitt in mm² Cu	Bemessungswert I_r der Strombelastbarkeit in *A* für PVC-isolierte Kabel und Leitungen mit einer Betriebstemperatur Leiter bis 70° C											
1,5	15,5	13,5	15,5	13	17,5	15,5	16,5	15	19,5	17,5	18,5	15,5
2,5	19,5	18	18,5	17,5	24	21	23	20	27	24	25	21
4	26	24	25	23	32	28	30	27	36	32	32	27
6	34	31	32	29	41	36	38	34	46	41	40	34
10	46	42	43	39	57	50	52	46	63	57	54	45
16	61	56	57	52	76	68	69	62	85	76	69	59
25	80	73	75	68	101	89	90	80	112	96	88	76
35	99	89	92	83	125	110	111	99	138	119	106	91

Bemessungswerte I_r für die Verlegearten E, F und G siehe DIN VDE 0298, Teil 4 oder Tabellenbuch Elektrotechnik

Tabelle 12: Zuordnung von Leitungsschutzsicherungen gG und LS-Schaltern Typ B, C und D mit einem Abschaltstrom $I_a \leq 1{,}45 \cdot I_n$, zu den Nennquerschnitten isolierter Leitungen bei Dauerbetrieb (umgerechnet auf eine Umgebungstemperatur von 25°C) Nach DIN VDE 0298, Teil 4 (Auszug)

Verlegeart	A1		A2		B1		B2		C		D	
belastete Adern	2	3	2	3	2	3	2	3	2	3	2	3
Nennquerschnitt in mm² Cu	Bemessungsstrom I_n der Überstrom-Schutzeinrichtung in A für PVC-isolierte Kabel und Leitungen* mit einer Betriebstemperatur am Leiter bis 70 °C											
1,5	16	10 (13)	16	13	16	16	16	16	20	16	16	16
2,5	20	16	16	16	25	20	20	20	25	25	25	20
4	25	25	25	20	25 (32)	25	25	25	35 (32)	25 (32)	25 (32)	25
6	35 (32)	25 (32)	25 (32)	25	35 (40)	35 (32)	35 (40)	35 (32)	35 (40)	35 (40)	35 (40)	35 (32)
10	35 (40)	35 (40)	35 (40)	35 (40)	50	50	50	35 (40)	63	50	50	35 (40)
16	63	50	50	50	80	63	63	63	80	80	63	63
25	80	63	63	63	100	80	80	80	100	100	80	80
35	100	80	80	80	125	100	100	100	125	125	100	80

* Häufung von Leitungen nicht berücksichtigt; abweichende Bemessungsströme für LS-Schalter in Klammern

Tabelle 13: Umrechnungsfaktoren f_1 für abweichende Umgebungstemperaturen Nach DIN VDE 0298, Teil 4

Umgebungstemperatur in °C	10	15	20	25	30	35	40	45	50	55	60	65	70
PVC-Isolation	1,22	1,17	1,12	1,06	1,0	0,94	0,87	0,79	0,71	0,61	0,5	–	–
Gummi-Isolation	1,29	1,22	1,15	1,08	1,0	0,91	0,82	0,71	0,58	0,41	–	–	–
ERP-Isolation	1,18	1,14	1,1	1,05	1,0	0,95	0,89	0,84	0,77	0,71	0,63	0,55	0,45

Tabelle 14: Umrechnungsfaktoren f_2 für Häufung von Kabeln oder Leitungen Nach DIN VDE 0298, Teil 4

Anordnung der Leitungen		Anzahl der mehradrigen Leitungen oder Anzahl der Wechsel- oder Drehstromkreise aus einadrigen Leitungen							
		1	2	3	4	5	6	7	8
Gebündelt direkt auf der Wand oder Fußboden, im Elektroinstallationsrohr oder -kanal, auf oder in der Wand	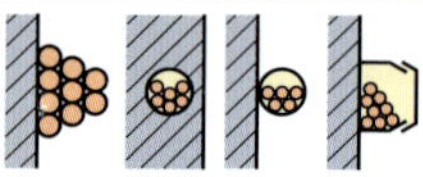	1,0	0,8	0,7	0,65	0,6	0,57	0,54	0,52
Einlagig auf der Wand oder Fußboden mit Berührung		1,0	0,85	0,79	0,75	0,73	0,72	0,72	0,71
Einlagig unter der Decke mit Berührung	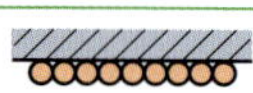	0,95	0,81	0,72	0,68	0,66	0,64	0,63	0,62

Strombelastbarkeit I_z von Kabeln und Leitungen bei abweichenden Betriebsbedingungen und Zuordnung der Überstrom-Schutzeinrichtung:

I_r Bemessungswert der Strombelastbarkeit für Kabel und Leitungen bei der Umgebungstemperatur 30 °C
I_z Strombelastbarkeit von Kabeln und Leitungen bei abweichenden Betriebsbedingungen, z. B. Häufung oder abweichende Umgebungstemperatur
I_n Bemessungsstrom der Überstrom-Schutzeinrichtung
f_1 Umrechnungsfaktor für abweichende Umgebungstemperatur
f_2 Umrechnungsfaktor für Häufung von Kabeln oder Leitungen

$$I_z = I_r \cdot f_1 \cdot f_2$$

$$I_n \leq I_z$$

Tabelle 15: Wichtige Mindestquerschnitte von elektrischen Leitern

Kabel und Leitungen		Stromkreisart	Leiterwerkstoff	Mindestquerschnitt in mm²
Bei fester Verlegung	Kabel, Mantelleitungen und Aderleitungen	Leistungs- und Beleuchtungsstromkreis	Cu Al	1,5 16
		Melde- und Steuerstromkreise	Cu	0,5
	blanke Leiter	Leistungsstromkreise	Cu	10
		Melde- und Steuerstromkreise	Cu	4
Bewegliche Leitungen			Cu	0,75

Tabelle 16: Fertigungswerte für Widerstände und Kondensatoren (E-Reihen) Nach DIN IEC 63

Reihe	Toleranz	Grundwerte											
E 6	± 20 %	1,0		1,5		2,2		3,3		4,7		6,8	
E 12	± 10 %	1,0	1,2	1,5	1,8	2,2	2,7	3,3	3,9	4,7	5,6	6,8	8,2
E 24	± 5 %	1,0 3,3	1,1 3,6	1,2 3,9	1,3 4,3	1,5 4,7	1,6 5,1	1,8 5,6	2,0 6,2	2,2 6,8	2,4 7,5	2,7 8,2	3,0 9,1
E 48	± 2 %	1,00 1,78 3,16 5,62	1,05 1,87 3,32 5,90	1,10 1,96 3,48 6,19	1,15 2,05 3,65 6,49	1,21 2,15 3,83 6,81	1,27 2,26 4,02 7,15	1,33 2,37 4,22 7,50	1,40 2,49 4,42 7,87	1,47 2,61 4,64 8,25	1,54 2,74 4,87 8,66	1,62 2,87 5,11 9,09	1,69 3,01 5,36 9,53
E 96	± 1 %	1,00 1,33 1,78 2,37 3,16 4,22 5,62 7,50	1,02 1,37 1,82 2,43 3,24 4,32 5,76 7,68	1,05 1,40 1,87 2,49 3,32 4,42 5,90 7,87	1,07 1,43 1,91 2,55 3,40 4,53 6,04 8,06	1,10 1,47 1,96 2,61 3,48 4,64 6,19 8,25	1,13 1,50 2,00 2,67 3,57 4,75 6,34 8,45	1,15 1,54 2,05 2,74 3,65 4,87 6,49 8,66	1,18 1,58 2,10 2,80 3,74 4,99 6,65 8,87	1,21 1,62 2,15 2,87 3,83 5,11 6,81 9,09	1,24 1,65 2,21 2,94 3,92 5,23 6,98 9,31	1,27 1,69 2,26 3,01 4,02 5,36 7,15 9,53	1,30 1,74 2,32 3,09 4,12 5,49 7,32 9,76

Tabelle 17: Farbkennzeichnung von Widerständen

Farbe der Ringe bzw. Punkte		1. Ring: 1. Ziffer	2. Ring: 2. Ziffer	3. Ring: Multiplikator	4. Ring: Toleranz in %	Temperatur-koeffizient
nach DIN EN 60062	nach IEC 757	Widerstandswert in Ω				
schwarz (sw)	BK (black)	–	0	1	–	± 250 · 10^{-6}/K
braun (br)	BN (brown)	1	1	10	± 1	± 100 · 10^{-6}/K
rot (rt)	RD (red)	2	2	10^2	± 2	± 50 · 10^{-6}/K
orange (or)	OG (orange)	3	3	10^3	–	± 15 · 10^{-6}/K
gelb (gb)	YE (yellow)	4	4	10^4	–	± 25 · 10^{-6}/K
grün (gn)	GN (green)	5	5	10^5	± 0,5	± 20 · 10^{-6}/K
blau (bl)	BU (blue)	6	6	10^6	± 0,25	± 10 · 10^{-6}/K
violett (vi)	VT (violet)	7	7	10^7	± 0,1	± 5 · 10^{-6}/K
grau (gr)	GY (grey)	8	8	10^8	–	± 1 · 10^{-6}/K
weiß (ws)	WH (white)	9	9	10^9	–	–
gold (au)	GD (gold)	–	–	0,1	± 5	–
silber (ag)	SR (silver)	–	–	0,01	± 10	–
ohne Farbe		–	–	–	± 20	–

Bei einem Widerstand mit 5 oder 6 Farbringen gibt der 1. Ring die 1. Ziffer, der 2. Ring die 2. Ziffer und der 3. Ring die 3. Ziffer an. Der 4. Ring kennzeichnet den Multiplikator, der 5. Ring die Toleranz und der 6. Ring den Temperaturkoeffizienten.

Tabelle 18: Wertkennzeichnung von Widerständen durch Buchstaben (Beispiele) Nach DIN EN 60062

Wertkennzeichnung	R 22	4 R 7	33 R	82 K	M 33	5 M 6	22 M	4 G 7	10 T
Widerstandswert	0,22 Ω	4,7 Ω	33 Ω	82 kΩ	0,33 MΩ	5,6 MΩ	22 MΩ	4,7 GΩ	10TΩ

Tabelle 19: Schutzarten elektrischer Betriebsmittel

Nach DIN VDE 0470

Aufbau des Kurzzeichens:

Kennbuchstaben:	IP (Abkürzung für: International Protection, engl. = internationaler Schutz)
1. Kennziffer:	Schutzgrade gegen Berühren und Eindringen von Fremdkörpern
2. Kennziffer:	Schutzgrade gegen Eindringen von Wasser

Ist für ein Betriebsmittel nur eine der beiden Schutzarten angegeben, so steht an der Stelle der fehlenden Kennziffer ein X (Beispiel siehe unten).

1. Kennziffer	Berührungs- und Fremdkörperschutz	2. Kennziffer	Wasserschutz
0	kein Berührungs- und Fremdkörperschutz	0	kein Wasserschutz
1	Schutz gegen Fremdkörper mit einem Durchmesser größer als 50 mm	1	Schutz gegen senkrecht tropfendes Wasser
2	Schutz gegen Fremdkörper mit einem Durchmesser größer als 12,5 mm	2	Schutz gegen schrägfallendes Tropfwasser (bis 15° gegen die Senkrechte)
3	Schutz gegen Fremdkörper mit einem Durchmesser größer als 2,5 mm	3	Schutz gegen Sprühwasser (bis 60° gegen die Senkrechte)
4	Schutz gegen Fremdkörper mit einem Durchmesser größer als 1 mm	4	Schutz gegen Spritzwasser aus allen Richtungen
5	Schutz gegen schädliche Staubablagerung im Innern (staubgeschützt)	5	Schutz gegen Strahlwasser (aus einer Düse) aus allen Richtungen
6	Schutz gegen Eindringen von Staub (staubdicht)	6	Schutz gegen starken Wasserstrahl oder schwere See
		7	Schutz gegen Wasser bei Eintauchen des Betriebsmittels (unter festgelegten Druck- und Zeitbedingungen)
		8	Schutz bei dauerndem Untertauchen des Betriebsmittels, auch unter Druck

IP-Kennzeichnung durch Zusatzbuchstaben
Dritte Stelle: Zusätzlicher Berührungsschutz
A Handrückenschutz, B Fingerschutz, C Werkzeugschutz, D Drahtschutz

Vierte Stelle: Ergänzende Buchstaben
H: Betriebsmittel für Hochspannung. M: Geprüft auf Wassereintritt, wenn bewegliche Teile in Betrieb sind. S: Geprüft auf Wassereintritt, wenn bewegliche Teile im Stillstand sind. W: Geprüft bei festgelegten Witterungsbedingungen.

Beispiele für Schutzarten elektrischer Betriebsmittel

Schutzart	Schutzumfang und Beispiel
IP 6X	Schutz gegen Eindringen von Staub unter Druck. Kein Schutz gegen schädliches Eindringen von Wasser; Beispiel: Leuchten in Räumen mit brennbarem Staub.
IP 21	Schutz gegen Berühren und Eindringen von Fremdkörpern mit einem Durchmesser größer als 12 mm. Schutz gegen senkrecht tropfendes Wasser. Beispiel: Elektromotoren in Kessel- und Maschinenhäusern.
IP 44	Schutz gegen Fremdkörper mit einem Durchmesser größer als 1 mm. Schutz gegen Spritzwasser aus allen Richtungen. Beispiel: Steckvorrichtung (spritzwassergeschützt).

Bildzeichen zur Angabe der Schutzart

Bildzeichen	 Tropfwassergeschützt	 regengeschützt	 Spritzwassergeschützt	 Strahlwassergeschützt	 Wasserdicht	 ...bar Druckwasserdicht	 Staubgeschützt	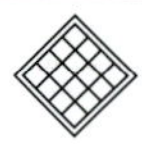 Staubdicht
Beispiel:	IP X1	IP X3	IP X4	IP X5	IP X7	IP X8	IP 5X	IP 6X

* siehe vordere bzw. hintere Innen-Umschlagseite